CONSEILS

POUR LA FORMATION

DES

BIBLIOTHÈQUES SPÉCIALES

ADMINISTRATIVES, COMMUNALES

PROFESSIONNELLES,

MILITAIRES, HOSPITALIÈRES, PÉNITENTIAIRES, INDUSTRIELLES

ET AUTRES.

PAR J$_E$-LÉON VIDAL

PARIS

Chez LEDOYEN, Libraire au Palais-Royal

GALERIE D'ORLÉANS

1864

CONSEILS

POUR LA FORMATION

DES

BIBLIOTHÈQUES SPÉCIALES

ADMINISTRATIVES, COMMUNALES,

PROFESSIONNELLES,

MILITAIRES, HOSPITALIÈRES, PÉNITENTIAIRES, INDUSTRIELLES

ET AUTRES.

PAR J^E-LÉON VIDAL

———— ◦—◦ ————

PARIS

Chez LEDOYEN, Libraire au Palais-Royal

GALERIE D'ORLÉANS

1864

NOTE PRÉLIMINAIRE.

On s'occupe beaucoup aujourd'hui, et avec raison, des meilleurs moyens à prendre pour établir des bibliothèques usuelles, pour les mettre à la portée de tous, pour en faire des institutions sérieuses et réellement utiles. En voyant cette honorable préoccupation se répandre, j'ai pensé qu'il ne serait peut-être pas sans intérêt de réunir quelques idées pratiques sur ce sujet et de les présenter sous la forme de conseils. Je les offre modestement et seulement comme le résultat de mes observations et de mon expérience personnelle. S'ils peuvent servir, dans quelque proportion que ce soit, à l'accomplissement de cette œuvre de lumière, j'en serai heureux et j'aurai obtenu la seule récompense que je recherche. Je sais que le besoin et le désir d'instruction sont grands, qu'ils sont universellement exprimés, et que, plus ils se prononcent vivement, plus on doit multiplier les efforts pour leur donner satisfaction. A ceux pour lesquels cette instruction est un secours nécessaire et qui nous le demandent, il faut répondre avec un empressement philanthropique en appliquant ici le précepte de Cicéron (*), sur l'obligation de venir en aide à ceux qui ont besoin d'assistance.

Je n'ai pas voulu faire entrer dans ces conseils l'indication détaillée des livres à placer dans ces bibliothèques ; j'ai pensé qu'en désignant les cadres à adopter pour leur formation, selon leur spécialité, toute nomenclature serait superflue, et que les bons livres ne manqueraient pas pour les remplir.

C'est au tact, à l'intelligence et à la sagesse des fondateurs de ces collections de les bien choisir suivant la destination qu'elles doivent

---

(*) Hoc maxime officii est ut quisquam maxime opis indigeat, ita ei potissimum opitulari. (CICERO, *de Officiis.*)

avoir. L'essentiel est de créer des bibliothèques et de ne pas s'arrêter dans cette entreprise du savoir contre l'ignorance, enfin d'agir comme si rien n'avait été fait, tant qu'il y aura quelque chose à faire pour compléter le succès. Le mouvement est imprimé, il continuera et se développera certainement avec le progrès de la civilisation, dont il est le résultat et en même temps l'une des principales causes.

En écrivant ces quelques pages sur un sujet que j'ai déjà traité particulièrement, au seul point de vue de l'utilité des bibliothèques administratives, en généralisant aujourd'hui ces considérations, en les étendant à l'ensemble de l'institution, si justement appréciée, des bibliothèques spéciales et usuelles, je n'ai qu'un but, celui de constater le bien qui s'est réalisé et d'indiquer les moyens d'en faire plus encore. Mon unique désir est de coopérer par mes conseils autant que je e puis à cette œuvre si importante, et de contribuer à obtenir ce résultat que nous recherchons tous : que chaque homme qui doit savoir, apprenne par l'étude mise à sa portée, et que tout homme qui veut savoir puisse s'instruire par la lecture placée sans cesse à sa disposition.

J^E-Léon **VIDAL**,

Chevalier de la Légion d'honneur et des Saint-Maurice et Lazare, inspecteur général des prisons et établissements pénitentiaires, ancien conservateur de la bibliothèque administrative du ministère de l'intérieur, membre des acadé-mies de Marseille, de Dijon et antres Sociétés savantes

§ I.

Observations générales.

La lecture, qui est pour l'esprit ce que la vue est pour le corps, l'œil de l'âme, un moyen de perception et d'étude, la lecture nous initie à toutes les connaissances humaines, nécessaires pour quelques-uns, utiles pour tous, et elle nous procure les distractions les plus profitables, en même temps que l'instruction la plus nécessaire. Elle nous éclaire, elle nous moralise, elle nous amuse, elle nous console. Par elle, nous parvenons presque sans peine à connaître une infinité de bonnes et belles choses, en nous servant des travaux de ceux qui les ont exposées ou inventées. Nous devenons ainsi les contemporains de tous les âges, les citoyens de tout l'univers.

Les plus savants hommes de l'antiquité et des temps modernes semblent avoir travaillé pour chacun de nous. Ce sont des maîtres que nous pouvons consulter sans cesse, avec lesquels nous pouvons entrer en conversation à tout instant. Sans la lecture, tous ces oracles sont muets pour nous, nous demeurons pauvres au milieu de tant de richesses, c'est-à-dire ignorants au milieu de toutes les sciences.

La lecture est la clef de tout; car il y a tout dans les livres : ils constatent et résument la civilisation humaine.

Un homme qui fut l'un des plus éminents esprits de son temps, entendit un jour dans une vision ces paroles célestes : *Tolle, lege,* prends et lis; il lut, et il devint un des plus grands philosophes, l'un des plus illustres saints de la religion chrétienne. Cette voix du ciel s'adresse aussi à tous les hommes, en quelque rang de la société qu'ils soient placés; car, ainsi que l'a dit un ancien philosophe :« Qui ne sait lire ne sait vivre; il vit matériellement, la vie de l'âme lui manque. »

Mais il faut savoir lire avec fruit et s'instruire dans un but d'utilité pratique et morale, suivant ce conseil de Sénèque : « Je veux que votre esprit amasse beaucoup de sciences, beaucoup de préceptes, beaucoup d'exemples de tous les temps, mais que tout cela se rapporte à une fin : l'instruction utile et la vertu. »

Ainsi donc, répandre parmi toutes les classes, dans tous les rangs de la population les bienfaits de l'instruction, par la lecture, après leur avoir procuré ceux de l'instruction élémentaire par l'enseigne-

ment scolaire, donner à certaines catégories distinctes de notre société les moyens de se procurer, en même temps que cette instruction générale, celle des connaissances qui leur sont le plus nécessaires
pour remplir les devoirs spéciaux que leur position dans cette société
leur impose, c'est contribuer à l'une des meilleures œuvres que l'on
puisse accomplir dans l'intérêt de la civilisation. Les livres sont en
effet, comme l'a dit Vauvenargues, l'essence des meilleurs esprits ; les
arts et les sciences dont ils contiennent la substance, embrassent tout
ce qu'il y a dans la pensée et dans les faits de noble et d'utile.
Celui qui ne les lit pas est dans l'humanité comme un étranger
dans un pays qu'il ne cherche pas à connaître, et dont cependant
la connaissance est pour lui du plus grand intérêt. Les bibliothèques
publiques fournissent les moyens d'acquérir et d'augmenter cette
instruction générale dans les grands centres de population ; mais
outre qu'elles ne peuvent servir à ceux qui sont placés au dehors
de ces centres, relativement peu nombreux, leur réglementation em-
pêche qu'elles soient à la portée continuelle et individuelle de tous
ceux qui ont besoin de lire. Puis, il faut procurer à certaines classes,
indépendamment des avantages de la lecture, le secours incessant
d'études, les moyens immédiats d'instruction spéciale ; il faut leur
mettre sous la main des renseignements définis et particuliers qui
leur sont nécessaires, pour pouvoir remplir le plus utilement pour
eux, et le plus convenablement pour tous, la mission qui leur est
dévolue dans les divers étages de la société.

Telle est la raison d'être des bibliothèques spéciales dont je vais
m'occuper exclusivement.

Démontrer l'utilité des bibliothèques générales, de ce qu'on appelle
bibliothèques publiques établies dans toutes les villes, en Europe, dans
toutes les contrées du globe où existe une civilisation plus ou moins
perfectionnée, serait soutenir une thèse dont chacun admet la vérité
sans contestation. Les avantages que procurent à tous ceux qui
peuvent y puiser la science, ces immenses dépôts de toutes les
connaissances humaines, sont au-dessus de toute démonstration.

La nécessité, c'est-à-dire l'utilité pratique des bibliothèques spéciales, des bibliothèques auxiliaires des autres, n'a guère plus besoin
d'être affirmée. Elle est aujourd'hui admise comme un fait. Chacun
sait qu'il faut à certaines catégories sociales des livres d'un ordre défini, comme à d'autres il faut des outils indispensables à leurs travaux.

Il faut aussi à quelques membres de cette société civilisée des
livres qui soient plus adaptés à leur état, à leurs fonctions, à leurs
obligations, puis à un très-grand nombre il faut des bibliothèques
restreintes, qui leur donnent pour ainsi dire la quintessence de ces

connaissances humaines, dont ils ne pourraient atteindre les détails et les parties les plus élevées faute de temps, d'études et d'aptitude intellectuelle. Enfin il faut procurer à plusieurs, dans un but plus particulier d'humanité, de moralisation et d'instruction utile, des lectures à la portée de leur position et adaptées même à leur condition pénible. De là dérive la division des bibliothèques spéciales qui font plus particulièrement l'objet de cet ouvrage.

En m'occupant des bibliothèques spéciales, je devais donc les définir d'abord, dire clairement et pratiquement ce qu'elles sont et ce qu'il faut qu'elles soient.

Ces bibliothèques sont des collections de livres formées pour l'usage de certains établissements et de certaines catégories de lecteurs ; des collections d'ouvrages destinés à être lus ou consultés pour y chercher des notions, des renseignements, des préceptes, des avis pouvant faciliter l'exercice de professions spéciales, pour y trouver les théories scientifiques et les moyens les plus sûrs de les appliquer.

Les bibliothèques spéciales sont aussi des collections de livres qui conviennent plus particulièrement à certaines classes de la société, quoiqu'elles soient formées de tous les genres d'ouvrages qui se lient au savoir, c'est-à-dire à l'histoire, à la littérature, aux sciences et aux arts, et se rattachant ainsi aux bibliothèques générales.

Dans les limites de cette définition sont comprises, on le voit, les bibliothèques administratives des ministères, des préfectures, des administrations quelconques ; les bibliothèques des tribunaux et cours de justice, celles de l'armée, celles des universités, des écoles, des séminaires, des établissements scientifiques, puis celles des communes rurales, celles des chambres de commerce, des institutions diverses, des compagnies de chemins de fer, des grandes exploitations industrielles, de la jeunesse, des communautés, des sectes religieuses, des associations professionnelles, des corporations d'ouvriers dans les villes, des hospices, des prisons, etc., toutes doivent avoir leur caractère distinct, individuel comme leur destination.

S'attacher à démontrer les avantages de ces bibliothèques spéciales en général et sous les rapports particuliers qui doivent les distinguer, ce serait, je viens de le dire, faire une œuvre superflue, dépenser des arguments en pure perte, personne ne le conteste.

Je pense donc qu'il vaut mieux entrer immédiatement dans le développement des questions pratiques qui se lient à ce sujet.

Je ne le ferai pas toutefois sans rappeler un sentiment qui m'a souvent frappé, celui de l'étonnement en voyant que les académies officielles de l'Institut placé au sommet de la science, n'ont jamais pensé à se mettre à la tête de cette grande croisade pour la diffusion de la science au moyen des bibliothèques usuelles, professionnelles, populaires. On a été surpris de ce que ces corporations savantes, qui devraient naturellement saisir de semblables occasions pour se rendre utiles à l'humanité, à l'intelligence, à la civilisation, n'aient pas été tentées de donner un peu de leur influence et de leurs soins à l'établissement et à la propagation de ces bibliothèques, qui sont le plus spécialement aptes à fournir l'instruction scientifique nécessaire à certaines fonctions, à certaines professions, et l'instruction générale, qu'on ne saurait trop universaliser parmi toutes les classes, et surtout parmi les populations laborieuses des villes et des campagnes. Il y avait là une honorable et belle mission à remplir, principalement pour l'Académie des sciences morales et politiques, qui se serait ainsi montrée fidèle à la pensée de son institution, à la hauteur du but qui lui est indiqué par son existence. Elles le feront sans doute.

En s'associant pour cette bonne œuvre toutes les académies et les sociétés savantes des départements, et en employant toutes ces forces collectives, dont l'influence serait irrésistible, l'Institut ferait un acte digne de lui-même. Sans doute tous les membres de nos académies possèdent la science, mais il semble qu'un de leurs devoirs consisterait surtout à la communiquer aux autres, *scire tuum nihil est*, a dit justement Perse, *nisi te scrire hoc sciat alter*. Les Égyptiens représentaient un homme qui garde la science pour lui-même, sans chercher à la répandre, par la figure d'une lanterne sourde qui, bien qu'éclairée en dedans, ne donne pas la moindre clarté à ceux qui l'environnent. Que personne ne soit cette lanterne sourde; soyons plutôt des phares bienfaisants jetant la lumière tour autour, dans l'intérêt de l'humanité qui l'attend de nous. Suivons l'exemple donné par l'institution des conférences de la Sorbonne et des autres. Les académies, absorbées par d'autres préoccupations plus élevées et abstraites, n'ont pas songé à s'occuper simplement de ces choses pratiques et de ces besoins réels de notre époque. Ces académies ont laissé à l'initiative individuelle de quelques esprits généreux parmi elles ou à celle de quelques associations privées, ne tenant leurs titres que de leur dévouement modeste, la charge honorable de créer, de patronner, de vulgariser ces bibliothèques. Puisqu'elles semblent avoir hésité à s'emparer d'une si noble mission, assumons-la pour nous-mêmes, nous tous amis des bons livres, partisans des institutions qui éclairent, de la science qui moralise, de la civilisation qui progresse en même temps que l'instruction populaire.

La France est aussi riche que quelque autre nation du monde en bibliothèques publiques et générales. Paris compte cinq grandes bibliothèques et trente-sept en tout, plus ou moins à l'usage du public et possédant ensemble plus de deux millions de volumes. Les départements ont plus de trois cents bibliothèques également publiques, et le total des volumes existants dans toutes ces bibliothèques publiques en France est environ de quatorze millions de volumes, ce qui fait deux volumes et demi par habitant. Si la France n'est point instruite, ce n'est pas faute de posséder les moyens qui donnent et agrandissent l'instruction.

Ajoutez à ces richesses celles que contiennent les bibliothèques spéciales, dont nous voulons nous occuper particulièrement, celles des communes, des universités, des corps savants, des sociétés, des évêchés, des séminaires, des écoles spéciales, de la magistrature, des institutions scientifiques, et vous trouverez un total de volumes presque incalculable par une statistique exacte.

Si nous faisions pour Paris seulement cette statistique, même incomplète, des bibliothèques spéciales appartenant à des institutions publiques, nous aurions à mentionner celles du Ministère de la justice, du Sénat, du Corps législatif, du Conseil d'État, de la Cour de cassation, de la Cour impériale, du Tribunal de première instance, du Ministère des affaires étrangères, du Ministère de la guerre, du dépôt de la guerre, du dépôt des fortifications, du dépôt de l'artillerie, de l'hôtel des Invalides, du Ministère de la marine, du dépôt des cartes, plans de la marine ; les bibliothèques des ports, des colonies et des navires de guerre, celles du Ministère de l'intérieur, de la Préfecture de police, du Conservatoire de musique et de déclamation, des archives de l'Empire, les bibliothèques des préfectures et des sous-préfectures ; de la maison de Charenton et des maisons centrales de détention ; du Ministère de l'agriculture et du commerce, du Conservatoire des arts et métiers, la bibliothèque du commerce à la Bourse, du Ministère des travaux publics, de l'École des ponts et chaussées, de l'École des mines, du Ministère de l'instruction publique, les bibliothèques de l'Institut, de l'Université, du Muséum, de l'École de droit, de l'École de médecine, de l'Observatoire, du Ministère des finances, de la Cour des comptes, etc.

Joignez encore à ces collections celles de toutes les sociétés scientifiques, si nombreuses à Paris, qui s'occupent spécialement de l'une des branches des sciences et des connaissances humaines. — Ainsi les bibliothèques de l'Académie de médecine, de l'ordre des avocats, des avoués, de la Société d'encouragement pour l'industrie nationale, des sociétés d'agriculture, de la Société de géographie, de la Société géologique, de la Société météorologique, de la Société des chartes, de la Société asiatique, de la Société pour l'instruction élémentaire, de la Société de chirurgie, de l'Institut historique, de la Société de statistique, des sociétés d'économie politique, de la Société d'anthropologie, de la Société de la morale chrétienne, des sociétés de bienfaisance telles que celles des Apprentis Orphelins, du Patronage des jeunes détenus et libérés, de la Société de charité maternelle; joignez-y encore les bibliothèques des sociétés semblables dans les départements; et elles sont heureusement en grand nombre ; quelle masse énorme de livres spéciaux, de documents scientifiques, de renseignements de tout genre, de toute importance, accumulés dans ces bibliothèques spéciales !

Dans un autre ouvrage que j'ai publié sur l'utilité des bibliothèques spécialement administratives (*), j'ai donné des détails et établi le relevé total de nos richesses bibliographiques sous ce dernier rapport. Il résultait de ce relevé, que ces bibliothèques possédaient ensemble, à cette époque, plus de deux millions de volumes, représentant pour la plupart des ouvrages sur les sciences et les connaissances spéciales à la destination et au fonctionnement des institutions auxquelles elles appartenaient. Ce nombre déjà si considérable n'a pu que s'augmenter depuis cette date, qui remonte à vingt et un ans, grâce aux progrès des sciences et aux tendances de plus en plus prononcées pour compléter les collections.

Les bibliothèques spéciales sont également très-nombreuses dans les pays étrangers. Elles sont même peut-être en plus grand nombre dans quelques-uns de ces pays qu'en France (1).

A la longue nomenclature des bibliothèques spéciales, à divers titres, à diverses destinations en France, et à l'étranger, il faudrait, pour la rendre complète, joindre encore les collections particulières des associations, des institutions religieuses, des établissements de bienfaisance, des corporations industrielles et ouvrières, des colléges et écoles, énumération dont les dimensions dépasseraient notre cadre ; mais en ne les indiquant qu'en masse, on peut donner une idée de l'immensité des richesses bibliographiques que possède la civilisation sous toutes les formes, pour s'en aider afin de se perfectionner, et pour faciliter la connaissance et la pratique de tout ce qui tient à l'esprit, à la science, aux arts et à l'industrie usuelle : magnifique tableau qui montre l'immensité de l'intelligence humaine et la variété presque infinie de ses productions.

(*) *Essai sur les bibliothèques administratives.* — 1 vol. in-8°; 1843.

§ II.

Bibliothèques administratives.

Parmi les bibliothèques spéciales il faut placer au premier rang les bibliothèques administratives, dont on ne saurait trop encourager la formation et la propagation dans notre pays.

Vanter l'utilité de ces bibliothèques spécialement administratives, composées presque exclusivement d'ouvrages qui enseignent tout ce qu'il faut savoir, dans l'ensemble et dans les détails de la science, pour exercer convenablement, justement, régulièrement, l'administration, serait une œuvre superflue. L'expérience, mieux que les arguments, fournit cette démonstration incontestable et incontestée aujourd'hui. Nous avons vu les bibliothèques administratives fonctionnant dans la pratique, et nous avons pu, ainsi que tous les agents studieux, laborieux, consciencieux de l'administration, reconnaître l'excellence de leurs résultats.

L'administration est une science ; comme toutes les professions libérales, elle exige des études sérieuses, approfondies, des connaissances variées, sans lesquelles nul ne saurait légitimement et honorablement entrer ou se maintenir dans la carrière des emplois publics. Comme toute science, elle a ses principes, ses règles, ses codes, ses traditions, sa jurisprudence ; elle a ses livres, elle doit avoir ses bibliothèques. C'est là, en effet, que toute science se constitue en quelque sorte et se maintient. Là sont les gages de ses progrès et de sa perpétuité, les témoignages sur lesquels son autorité se fonde et se conserve.

Le ressort des pouvoirs administratifs est considérable ; leur compétence touche à tout : depuis les garanties qui assurent l'état des citoyens jusqu'à l'exercice de leurs droits les plus élevés, la vie civile, la vie politique, sont placées sous la sauvegarde et la surveillance de l'administration. Préposée en outre à toutes nos obligations envers l'Etat, gardienne et représentant de l'intérêt public, chargée de répartir en son nom les charges et les bénéfices de la communauté, elle a chaque jour des réclamations à écouter, des prétentions à juger, des décisions à rendre. Ces actes la mettent en contact avec les intérêts les plus susceptibles, les plus divers, et sa considération dépend avant

tout de la légalité constante et de l'impartialité de ces sortes de juge-
ments.

Il était donc à désirer qu'on s'occupât de trouver le meilleur moyen
de répandre et de compléter l'instruction dans toutes les branches de
l'administration. Ce moyen est celui que nous avons indiqué. Vous
voulez dans vos agents de l'instruction étendue, des connaissances
toujours présentes sur une foule de questions diverses; vous voulez tous
que leurs décisions soient constamment empreintes de l'esprit de la
loi, fortifiées de l'autorité des précédents. Une bibliothèque est le dépôt naturel où se conserveront et se retrouveront à chaque instant les
lumières dont ils ont besoin, où chacun d'eux aura sans cesse sous
la main les règles dont vous voulez qu'il ne s'écarte jamais.

. Dans notre opinion, les administrations comme les corps judiciaires, les institutions de grand enseignement scientifique, les établissements publics de quelque importance, peuvent se passer de bibliothèques générales, mais ils sont essentiellement et fatalement incom-
plets s'ils ne possèdent pas une bibliothèque spéciale, en rapport avec
leur mission et leurs attributions. Il en est d'eux comme des hommes
professionnels qui ne possèdent pas une collection, nombreuse ou
restreinte, de livres contenant les renseignements, les documents, les
préceptes nécessaires pour l'exercice convenable, intelligent et sûr de
leur profession. Les ignorants, heureusement rares dans les fonctions
publiques, sont les seuls qui ne sentent pas cette nécessité. Ils ne
comprennent pas qu'il faut apprendre pour savoir, et ils ne savent
rien, pas même qu'ils ne savent pas.

La bibliothèque générale est utile, avantageuse, pour le délasse-
ment et la culture de l'esprit; la bibliothèque spéciale est indispensable pour le travail auquel on est voué, pour l'œuvre que l'on est
appelé à accomplir dans la société.

Pour ne citer qu'un exemple, peut-on nier que la nécessité de
l'instruction, de la science dans l'administration soit devenue plus absolue encore depuis que les séances des conseils de préfecture sont
devenues publiques, et que les affaires s'y instruisent à peu près comme
devant les tribunaux ordinaires ? — La lutte oratoire, la défense, la
discussion y rendent indispensables les connaissances détaillées du
droit administratif, de ses applications et des arrêts de la jurisprudence. Où peut-on trouver les éléments de ces connaissances ailleurs
que dans les bibliothèques administratives ?

Chargé nous-même de former, de conserver et d'augmenter une
collection de ce genre au ministère de l'intérieur, nous avions donné
tous nos soins à cette importante tâche, et par nos efforts secondés
par les ministres, les hauts fonctionnaires, les administrations publi-

ques et les gouvernements étrangers, nous étions parvenu, avec le concours d'un homme estimable par sa science et trop modeste pour son savoir, à créer dans ce ministère, pour l'usage de ses employés et de ses agents, une bibliothèque administrative spéciale, qui, en 1848, possédait plus de dix mille volumes. Le catalogue en avait été publié peu de temps avant cette époque. Nous avions eu en outre la satisfaction d'avoir contribué à faire organiser dans la plupart des préfectures et des institutions publiques qui s'y rattachent, des bibliothèques administratives, qui ont rendu et qui rendent encore de très-utiles services. Cette collection spéciale a été réunie depuis lors à la bibliothèque générale du ministère de l'intérieur.

On peut juger de la composition d'une bibliothèque administrative, par l'analyse du catalogue de celle que je viens de citer. Il énonçait 1º des documents officiels, procès-verbaux des assemblées législatives, depuis 1788, collections de lois, publications officielles, émanées de tous les ministères et des grandes administrations publiques de Paris et des départements, des documents judiciaires officiels, la collection complète du *Moniteur universel*; 2º des recueils, ouvrages, traités de jurisprudence, de droit public, de droit administratif, de sciences dont l'application peut appartenir à l'administration, d'arrêts du conseil d'État, recueils de circulaires, instructions et renseignements d'administration, sur ces questions, droit civil, recueils d'arrêts, commentaires, etc. ; 3º des mémoires sur l'économie politique, les sciences morales, et diverses matières ; 4º des documents administratifs, publiés par les gouvernements étrangers (2).

Ce cadre répond à tous les besoins de l'administration ; il était préparé pour une collection complète et du plus haut intérêt ; le remplir avec une persévérante intelligence, c'était placer au ministère de l'intérieur un établissement modèle, ainsi que le voulait l'arrêté qui consacrait l'institution de la bibliothèque administrative.

Des collections semblables, établies d'après les mêmes données, contenant des documents de la même nature, mais différents par rapport à leur destination et à la spécialité des autres administrations, existent, nous les avons indiquées. Elles leur sont d'une constante, usuelle et générale utilité ; elles tiennent ces administrations au courant des progrès des sciences qui se rattachent à leurs attributions ; elles les associent à ces développements scientifiques, elles leur fournissent le secours indispensable de renseignements positifs, elles leur évitent les contradictions dans leur jurisprudence, et leur assurent les moyens de donner toujours de bonnes solutions pratiques à toutes les questions qui se présentent à leur examen et à leur décision.

Une bonne bibliothèque administrative générale, en France, doit

comprendre les subdivisions suivantes, qui s'élargissent, se complètent ou se diminuent dans les détails de leurs parties spéciales, selon les attributions plus ou moins étendues, plus ou moins spécialisées de l'administration au service de laquelle elle est destinée.

1° Droit politique. — Constitutions. — Assemblées législatives.

2° Recueils généraux des lois antérieures à 1789 et postérieures à cette époque. — Collections officielles de lois. — Collections non officielles. — Codes. — Commentaires.

3° Règlements et instructions des administrations publiques, divisés par ministère. — Grandes administrations particulières. — Justice. — Administration de la justice. — Cultes. — Affaires étrangères. — Intérieur. — Guerre. — Administrations militaires. — Marine. — Administrations maritimes. — Colonies. — Agriculture. — Administrations s'y rattachant. — Haras. — Bestiaux, etc. — Commerce intérieur et extérieur. — Manufactures. — Usines. — Travaux publics. — Routes. — Chemins de fer, etc. — Instruction publique. — Finances. — Fortune publique. — Comptabilité publique. — Perception. — Contributions directes. — Indirectes. — Cadastre. — Enregistrement. — Timbre. — Domaines. — Forêts. — Eaux. — Douane. — Postes. — Monnaies. — Banques. — Bourse, etc. — Cour des comptes.

4° Jurisprudence et doctrine administrative. — Répertoires. — Recueils d'arrêts. — Jurisprudence du conseil d'État. — Traités de droit administratif généraux et spéciaux. — Droit ecclésiastique. — Culte. — Églises. — Fabriques. — Administration départementale. — Administration communale et municipale. — Force publique. — Garde nationale. — Armée. — Police administrative. — Santé publique. — Salubrité. — Subsistances. — Presse, etc. — Bâtiments. — Constructions. — Travaux publics en général. — Expropriation pour cause d'utilité publique. — Voirie. — Voirie vicinale. — Routes. — Ports. — Chemins de fer. — Cours d'eau. — Canaux. — Droit rural. — Droit forestier. — Reboisement. — Desséchement. — Drainage. — Irrigation. — Pêche fluviale. — Chasse. — Législation industrielle en général. — Établissements concédés. — Usines. — Ateliers insalubres. — Manufactures. — Travaux des enfants dans les manufactures. — Mines. — Imprimeries. — Théâtres. — Propriété intellectuelle. — Beaux-arts. — Expositions. — Tribunaux administratifs et judiciaires. — Conseils de préfecture. — Tribunaux de commerce et des prud'hommes. — Compétence des divers tribunaux. — Offices ministériels. — Assurances terrestres et maritimes. — Sociétés commerciales. — Instruction publique. — Enseignement. — Sciences. — Établissements de bienfaisance ou assistance. —

Hôpitaux. — Secours. — Aliénés. — Paupérisme. — Mendicité. — Enfants trouvés et assistés. — Salles d'asile. — Crèches. — Monts-de-piété. — Caisses d'épargnes. — Établissements de répression et de peines. — Prisons.

Statistiques générales. — Spéciales. — Population. — Recensements. — Mortalité.

Ouvrages sur des sujets d'administration, de droit, d'économie sociale, de sciences, de beaux-arts. — Traités particuliers se rapportant aux diverses divisions indiquées. — Dictionnaires, annuaires, etc.

Avec cette base principale d'une bibliothèque administrative, il est facile d'en élargir, d'en diminuer certaines parties pour l'adapter à sa destination spéciale. Ainsi, et cela n'a pas besoin d'explications détaillées, la bibliothèque d'une administration financière doit en outre contenir d'autres éléments que la bibliothèque d'une administration militaire, et ainsi des autres.

Une bibliothèque administrative organisée de cette manière, augmentée sans cesse de tous les livres importants qui se rattachent à quelqu'une de ses divisions, confiée à la direction d'un bibliothécaire instruit, intelligent, pratique, est non-seulement une annexe utile aux administrations publiques, mais encore un auxiliaire indispensable pour elles. — Déjà ces bibliothèques existent, grâce à d'efficaces incitations, dans les grandes administrations centrales et dans les administrations départementales ou secondaires. Elles doivent se trouver partout où la science administrative doit être continuellement consultée, pour être régulièrement et convenablement expliquée (3); elles doivent grandir sans cesse et être tenues au courant des progrès de la science.

<h2 style="text-align:center">§ III.</h2>

<h3 style="text-align:center">Bibliothèque des petites Communes.</h3>

Les grandes villes en France, comme à l'étranger, possèdent presque toutes des bibliothèques considérables ouvertes au public. Mais les communes ordinaires, et surtout les petites communes, manquent presque toutes de ces établissements si utiles à la diffusion, à la popularisation de l'instruction véritable dans les campagnes, institutions au sujet desquelles l'empereur Napoléon III écrivait le 20 février 1850 : « La fondation d'une bibliothèque dans toutes les communes de la France est une œuvre de bienfaisance et d'utilité publique. »

Démontrer l'importance des avantages que les populations rurales peuvent retirer de la possession de bibliothèques usuelles et bien composées, serait inutile. Cette importance a été souvent mise en évidence par des arguments irréfutables. On a essayé plusieurs fois de créer ces bibliothèques, soit par des efforts collectifs dans les localités, soit au moyen de sociétés générales constituées à cet effet, et même de spéculations industrielles, quelquefois teintées de préoccupations trop exclusives, ce qui n'est pas le mieux, car la spéculation, l'exclusivisme préconçu, gâtent souvent ce qu'ils touchent en cette matière.

Mais, dira-t-on, comment fonder ces utiles bibliothèques, si on n'a pas recours à ces moyens toujours puissants de propagande ou de prosélytisme? Nous répondrons que nous ne les demandons qu'à la propagande de l'instruction générale et au prosélytisme de la science et de la civilisation usuelle. Ces moyens sont les plus efficaces et les meilleurs, ils sont purs de tout alliage suspect et dangereux. Il faut fonder ces bibliothèques par la force irrésistible des souscriptions locales et collectives, par le concours financier des communes, par l'aide de l'autorité chargée de diriger l'instruction publique, par l'intervention de sociétés créées dans ce but honorable, enfin par les soins généreux de ces hommes éclairés, dévoués au progrès public, honnêtes, impartiaux, que possèdent toujours les communes, et qui se mettent volontiers aux premiers rangs lorsqu'il s'agit de faire du bien.

Ces divers moyens bien combinés doivent produire immanquablement les résultats désirables. Le premier est indispensable, les autres le suivent et le fécondent.

On a déjà beaucoup fait en France pour l'établissement de bibliothèques communales, par le moyen seul des forces locales. Voici un tableau succinct des progrès de cette œuvre :

Des associations locales se sont spontanément formées dans plusieurs départements pour activer le mouvement d'impulsion tendant à l'établissement de bibliothèques communales moyennant des cotisations personnelles. On peut citer parmi ces associations à Strasbourg la Société des bibliothèques communales du Bas-Rhin, et une société semblable dans le Haut-Rhin. L'Alsace, disons-le en passant, n'est jamais en défaut ni en retard lorsqu'il s'agit de fonder et de faire prospérer des institutions utiles.

Dans la Drôme, dans l'Eure, dans le Nord, on a créé des bibliothèques communales par le seul effet de fortes initiatives individuelles mettant en mouvement le concours collectif.

Il serait trop long de citer toutes les communes où des bibliothèques d'instruction vulgaire ont déjà été organisées. Il y a en effet tendance à en établir partout, et c'est un élan qu'on ne saurait trop encourager par tous les moyens possibles.

L'administration de l'instruction publique s'est heureusement associée à ce mouvement en créant des bibliothèques scolaires par un arrêté du 24 juin 1862, et en distribuant près de cinquante mille volumes aux communes dans lesquelles une de ces bibliothèques est établie.

Des entreprises et des sociétés fortes de leurs bonnes intentions, de l'honorabilité intellectuelle et sociale de leurs fondateurs et de leurs membres se sont formées dans le même but, et ont déjà obtenu des résultats remarquables. Parmi elles on distingue la *Société Franklin*, nom on ne peut mieux choisi pour ce patronage, et qui a été autorisée par arrêté ministériel du 19 septembre 1862. Elle a annoncé vouloir que son œuvre ne représentât et ne servît exclusivement ni un parti, ni une maison de commerce, ni une secte, ni une coterie. Cette déclaration doit être celle de toute association semblable.

La *Société Franklin*, instituée *pour la propagation des bibliothèques municipales en France*, a pour objet, dit-elle, de proposer l'établissement de bibliothèques municipales dans les localités qui en manquent; d'aider de ses conseils celles qui s'organisent, de leur communiquer le catalogue des livres qui méritent d'être recommandés; de les encourager par des dons en livres ou en argent, de se charger pour elles de leurs acquisitions.

En Amérique, pour les bibliothèques d'écoles, les livres à acheter sont choisis par les habitants de la commune, sous le contrôle des autorités scolaires. Les livres de controverse religieuse et les écrits politiques y sont, à peu d'exceptions près, déclarés inadmissibles; on n'accepte d'ordinaire que de bons ouvrages sur la religion, sur la philosophie, les sciences naturelles, l'histoire, la géographie, la littérature. La Société Franklin a encore tenté une voie nouvelle et jusqu'alors inexplorée en France, celle des *bibliothèques circulantes*, à l'imitation des *Circulating Library* des Anglais. Elle annonce que ses livres sont tous approuvés par la Commission officielle du colportage. On ne peut qu'approuver le but de cette Société, mais à la condition qu'elle inscrive sur ses catalogues tous les bons livres, de quelque part qu'ils viennent, anciens ou modernes; quels que soient leurs éditeurs et leurs auteurs, sans jamais faire de cette institution un monopole exclusif pour des publications ou des catégories d'écrivains.

Il est évident qu'il ne faut pas penser à placer dans les bibliothèques spéciales la série complète des écrivains français même de premier et de second ordre, car elle comprendrait plus de deux cent soixante auteurs depuis le xvᵉ siècle jusqu'à la fin du xviiiᵉ, et environ deux cent quatre-vingts en arrivant jusqu'à l'époque actuelle, seulement dans la classe de la littérature, sans compter les auteurs d'ouvrages spéciaux de premier ordre sur les sciences, le droit, l'administration, la médecine, les sciences, les beaux-arts, les arts industriels, etc. Il ne faut donc placer dans ces collections de lecture usuelle que les œuvres des écrivains de premier rang, reconnues comme classiques, en laissant les autres aux bibliothèques générales et au luxe des bibliophiles.

En faisant un choix raisonné au milieu de ces richesses, on peut prendre des livres dans les grandes collections qui ont été publiées à diverses époques depuis cinquante ans, sans compter les petites de toute espèce et sous divers titres adoptés pour indiquer une spécialité. Parmi les premières qui ont de la valeur on doit citer les collections de Pierre Didot, de Ménard et Desenne, de Treuttel et Wurtz, de Firmin Didot, de Lefèvre, de Charpentier, du *Panthéon littéraire*, de Panckoucke, de Désiré Nisard ; — et ensuite les publications diverses de MM. Hachette, Furne, Plon, Dezobry, etc. Mais à notre avis il ne convient pas de s'astreindre à prendre ces collections entières. On va en juger.

Celles de Firmin Didot comprennent deux parties : la première est la *Bibliothèque française*, en soixante volumes; la seconde, les *Chefs-d'œuvre de la littérature française*, en deux cents volumes; elles sont incomplètes quoique très-étendues.

La collection des classiques de Lefèvre se compose de soixante-treize volumes; elle est fort estimée, mais elle est également incomplète : les grands orateurs de la chaire n'y figurent presque que pour mémoire. La collection Charpentier comprend, outre les ouvrages d'actualité littéraire, deux cents volumes de classiques grecs, latins, français, allemands, anglais, italiens, espagnols, portugais, etc. Elle a été formée sans plan ni classification arrêtés, plutôt pour adopter un format nouveau qu'un vrai cadre ; mais on peut y choisir plusieurs ouvrages. Le *Panthéon littéraire* ne se compose que de cent douze volumes, au lieu de deux cents qu'il devait avoir. Cette collection a de bons livres ; mais, on le voit, elle est restée incomplète : La collection Panckoucke des classiques latins, avec la traduction, a deux cent onze volumes : c'est un bon monument littéraire. La collection Nisard des auteurs latins est à peu près semblable à celle de Panckoucke ; elle est également appréciée dans sa spécialité.

On voit qu'en puisant dans toutes ces grandes collections on peut former une bonne bibliothèque, mais, encore une fois, sans qu'il soit nécessaire de les accepter en totalité, surtout pour ce qui concerne la littérature latine, dont les principaux auteurs doivent seuls figurer dans une bibliothèque du genre de celles dont nous nous occupons.

Quant aux autres aussi, il convient d'en prendre et d'en laisser, pour nous servir d'une expression vulgaire.

On annonce une nouvelle collection devant paraître sous le titre de *Bibliothèque des familles*, et qui se composerait de cinq cents volumes renfermant les meilleurs ouvrages anciens et modernes, les bons livres de tous les temps ; mais les vrais *bons* livres. Ces cinq cents volumes seraient publiés en cinq ans ; cent par année, dix par mois. Un choix irréprochable des ouvrages, une classification bien régulière, des notices sur les œuvres des écrivains qui ne seraient pas reproduits intégralement par des motifs de moralité, feraient distinguer cette collection , éditée par M. Napoléon Chaix, qui a adopté la classification suivante : religion, morale, philosophie, histoire, poésie , littérature, romans, voyages, fables, droit public, sciences, arts , éducation, etc.

Les fondateurs des bibliothèques spéciales destinées aux communes, aux établissements hospitaliers, pénitentiaires, industriels ; à l'armée, à la marine ; des bibliothèques pour la lecture usuelle de tous, n'ont donc, nous ne dirons pas que l'embarras du choix, mais que la facilité de choisir dans toutes ces publications, dont la dernière nous paraît devoir leur fournir d'excellentes bases pour la formation de ces collections sérieuses et réellement utiles, que nous désirons voir se multiplier et se populariser de plus en plus pour répandre les bonnes lumières dans toutes les classes ; car *le fruit de la vraie lumière*, comme l'écrivait saint Paul aux Éphésiens, *consiste en toute sorte de bonté, de justice et de vérité.*

Certes, on le voit, il y a déjà du bien accompli, commencé ou préparé dans cette voie. Dieu et l'amour du bien public aidant, ce bien s'accroîtra, se développera, et un jour sans doute se lèvera dans lequel on pourra se féliciter, à la gloire des lumières et de la civilisation humaine, de voir chaque clocher communal avoir une bibliothèque, comme il doit avoir un temple et une école (4).

Venons à la composition normale de ces bibliothèques , en dehors même de la direction des sociétés et des entreprises honorables dont nous avons analysé le but et les moyens d'action ; car il est bon que les communes agissent aussi un peu par elles-mêmes dans ces organisations.

Cette composition, c'est-à-dire le choix et l'acquisition des livres pour ces bibliothèques, ce n'est point exclusivement et absolument à telle ou telle direction ou collection, quoique ce moyen ait souvent des avantages précieux , qu'il faut la demander, comme nous venons de le dire. Un homme de beaucoup de science, qui a fait lui-même de bons livres, et qui a secondé la création de quelques bonnes et utiles institutions, nous faisait connaître un jour le procédé qu'il avait employé pour former une bibliothèque fort convenable dans sa commune , sans se servir *à priori* des collections spéciales de livres publiés à leur intention. « Le mieux, disait-il, est de faire ce que j'ai fait moi-même en *bouquinant* sur les quais, aux étalages, partout où il y a des livres en vente. J'ai recherché chez tous les marchands de livres vieux ou neufs, ceux qui m'ont paru les plus nécessaires, les mieux adaptés à l'instruction scientifique, professionnelle, morale, littéraire , industrielle , agricole des gens de la campagne ; livres d'histoire, de littérature, de géographie, d'arts usuels, sans oublier tous les chefs-d'œuvre classiques de la France et même de l'étranger dans ces divers genres. J'ai acheté ces livres peu à peu, et j'ai formé ainsi, moyennant 5 à 600 francs, un fonds de bibliothèque qui s'est agrandi ensuite par des dons et des achats successifs. Car il en est des bibliothèques comme des cours d'eau, une fois le courant établi, les livres leur viennent comme l'eau va à la rivière. » Ce moyen est excellent et à la portée de tous.

Disons-le en passant, ces petits livres où on prétend résumer la littérature, l'histoire, les sciences, pour les mettre, à ce qu'on prétend, au niveau des intelligences vulgaires, ces livres peuvent être utiles, mais ils n'ont pas d'importance réelle pour la formation des bibliothèques des communes. Il leur faut de la bonne littérature, de la bonne science, de la grande histoire pour relever les esprits au lieu de les rapetisser à ce qu'on prétend être leur taille et leur portée. Pour ces bibliothèques il ne faut pas toujours créer, il ne faut pas toujours refaire ; il faut recueillir, chercher, réunir , collectionner des livres dont la valeur et le mérite sont établis et incontestés. Les grandes collections que nous venons de citer sont utiles sous ce rapport.

Que l'on fasse des éditions nouvelles des bons livres, qu'on les réimprime à l'usage des communes, c'est bien. Que ces éditions soient non compactes jusqu'à être illisibles autrement qu'à l'aide de la loupe ou du microscope, mais bien lisibles pour des yeux campagnards, le soir, à la veillée, c'est acceptable ; c'est toute la part que l'industrie typographique peut raisonnablement prendre dans cette opération. — Par-dessus tout, qu'on ne fabrique pas des livres sans valeur en mettant de vieux bons livres aux mains de quelques Procustes plus ou moins habiles ; qu'on ne fasse pas arranger l'histoire, les sciences, les lettres, en de petits pamphlets écrits dans une pensée malsaine de parti ou de secte ; qu'on épure, qu'on élague, mais qu'on ne dénature pas. Il faut aux gens de la campagne, comme à tous, des livres qui ne soient pas la monnaie altérée ou falsifiée des bons ouvrages classiques.

Ainsi, le meilleur moyen, selon nous, pour atteindre le but désirable, c'est-à-dire celui de la diffusion de la vraie instruction, de la vraie science usuelle, serait d'abord celui que présentent l'assistance et la direction bibliographique des entreprises et des bonnes sociétés centrales formées à cette intention; mais ensuite aussi l'emploi de l'initiative individuelle dont nous avons déjà parlé. Les associations locales agiraient donc bien en chargeant un homme capable à Paris, ou dans une grande ville voisine, un bon et intelligent libraire de leurs provinces de leur procurer des livres neufs ou d'occasion, se rapportant au cadre que nous allons indiquer. Une fois le noyau formé, nous le redisons, il grossira; la bibliothèque, une fois établie, s'agrandira à l'aide de ce procédé et de bien d'autres, par des dons, des legs, des subventions, des achats successifs. A Beblenheim, une bibliothèque commencée naguère avec quelques volumes en a déjà plus de cinq cents.

Sans nous prononcer d'une manière absolue sur le système bibliographique qu'il convient d'adopter pour la formation et le classement de ces bibliothèques communales, voici le cadre que nous proposons d'adopter pour leur catalogue :

1º Religion en général. — Doctrine. — Cultes. — Liturgie. — Écriture sainte. — Philosophie. — Morale. — Théologie. — Religions diverses.

2º Jurisprudence et administration. — Traités du droit et traités généraux sur les lcis. — Droit politique. — Droit civil. — Droit criminel. — Droit ecclésiastique. — Ouvrages techniques sur l'administration générale, départementale et communale. — Finances. — Armée. — Marine. — Commerce. — Travaux publics.

3º Sciences et arts. — Économie politique. — Éducation. — Physique. — Chimie. — Histoire naturelle. — Mathématiques. — Médecine. — Hygiène. — Astronomie. — Géologie. — Botanique. — Minéralogie. — Appendice aux sciences. — Arts et métiers. — Dictionnaires et traités généraux. — Agriculture. — Arts mécaniques et métiers. — Beaux-arts. — Architecture. — Peinture. — Sculpture.

4º Belles-lettres. — Cours d'étude. — Littérature générale. — Grammaire. — Poétique. — Rhétorique. — Orateurs. — Poëtes. — Art dramatique. — OEuvres dramatiques. — Mythologie. — Bons romans classiques.

5º Géographie. — Voyages. — Guides. — Description de contrées et de villes.

6º Histoire. — Histoire universelle ancienne et moderne. — Chronologie. — Histoires particulières des divers États anciens et modernes. — Histoire contemporaine. — Mémoires. — Biographies. —

Antiquités. — Archéologie générale. — Archéologie spéciale. — Archéologie chrétienne.

7° Ouvrages divers se rattachant plus ou moins à ces différentes sections (5).

Comme il s'agit de former des collections utiles, et non de simple curiosité même savante, il est important, nous ne saurions trop le dire, que tous les livres compris dans ces divisions soient choisis parmi les meilleurs, les classiques, ceux des maîtres de la science, de la littérature et des arts, ceux qui donnent les notions les plus sûres, les plus incontestées, qui soient le plus au courant de l'état le plus avancé, le plus actuel des connaissances humaines. C'est en cela que le choix des ouvrages offre le plus d'importance, et par conséquent le plus de difficultés. Un bon catalogue type, rédigé conformément à ces vues, est le meilleur cadeau à faire aux communes après le don de ces ouvrages.

Lorsque ce cadre sera proportionnellement rempli, que la commune, le conseil municipal, ou l'association des personnes qui se seront vouées à l'organisation d'une bibliothèque, nomment un bibliothécaire définitif, celui qui a commencé la collection, l'instituteur, le secrétaire de la mairie, ou un habitant de bonne volonté et d'intelligence; alors, l'institution sera formée, et elle grandira ensuite, elle fonctionnera utilement; le catalogue sera dressé et les prêts se feront régulièrement. Nous disons les prêts, car les bibliothèques des communes doivent avoir surtout le caractère de circulation, sans exclure la lecture dans le local de la bibliothèque, mais en pratiquant surtout le système de la circulation. Les gens de la campagne peuvent en effet lire facilement chez eux, le soir à la veillée, les jours de mauvais temps pendant lesquels les travaux sont suspendus. Ils ne peuvent que difficilement aller lire dans les salons de lecture. Ceci n'a pas besoin de démonstration, seulement il faut prendre toutes les garanties nécessaires pour empêcher la détérioration possible. C'est une question de précaution et d'administration locales.

Il est à observer qu'il faut comprendre aussi dans l'effectif de cette bibliothèque les livres les plus utiles à l'exercice de l'administration communale. Cette partie rentre dans le cadre de ce que j'appelle plus spécialement bibliothèque administrative; ce qui ne veut pas dire qu'elle soit exclusivement réservée pour ceux qui administrent; les ouvrages de cette section doivent être aussi à la disposition de tous. C'est un excellent moyen pour former les hommes qui peuvent un jour prendre part à la gestion des affaires communales. On ne saurait trop en élargir la pépinière.

§ IV.

Bibliothèques des Tribunaux.

La Cour de cassation, à Paris, possède une fort belle bibliothèque; nous en avons fait connaître la composition dans un autre ouvrage.

Les cours d'appel en ont aussi de plus ou moins complètes; quelques tribunaux secondaires ont des bibliothèques composées au moins des documents judiciaires les plus importants, des instructions du ministère de la justice, et de quelques recueils de droit pratique.

Certaines de ces bibliothèques seraient même dignes d'être citées, sinon pour leurs richesses bibliographiques, au moins pour leur utile composition. Il n'est pas nécessaire d'insister sur la nécessité de pareils auxiliaires si importants pour faciliter les bonnes décisions judiciaires. Les magistrats éclairés le comprennent; mais il serait essentiel que le cadre de ces bibliothèques fût bien défini, et que les principaux ouvrages qui doivent y figurer fussent indiqués. Ce n'est pas difficile.

Nous étendons la nécessité de ces bibliothèques spéciales aux tribunaux de commerce, aux conseils de prud'hommes, sans oser descendre plus loin dans l'échelle de la magistrature.

Pour les bibliothèques des tribunaux en général, il est essentiel que non-seulement les ouvrages et les traités sur le droit national et actuel s'y trouvent, mais il est bon aussi d'y placer des livres qui fassent connaître les législations étrangères, dont la connaissance manque généralement à nos magistrats, comme celle des administrations étrangères manque souvent à nos administrateurs, et fonctionnaires français.

La législation comparée, ainsi que l'administration comparée, sont d'une utilité extrême pour les deux ordres de magistrature civile et judiciaire.

Quant aux chambres de commerce, la composition de la bibliothèque de la chambre de commerce de Paris peut leur servir de modèle pour former d'utiles et intéressantes collections.

§ V.

Bibliothèques des Écoles supérieures et des Facultés.

Dans la nomenclature des principales bibliothèques spéciales qui existent en Europe, on voit que celles des universités y figurent abondamment et très-honorablement.

En France, nos écoles supérieures de grand enseignement scientifique possèdent aussi généralement des bibliothèques souvent très-dignes d'être citées. Cependant il y a encore de grands progrès à faire pour arriver à cette perfection de bibliographie spéciale qui fait distinguer quelques-unes d'entre elles. Certaines de nos facultés sont même excessivement pauvres sous ce rapport. Nous laissons à la sollicitude si active et à l'autorité si éclairée de l'administration de l'instruction publique le soin de les mettre partout au niveau des besoins de l'enseignement et des sciences spéciales auxquels ces établissements sont consacrés.

§ VI.

Bibliothèques militaires et maritimes.

Tous ceux qui s'intéressent à la propagation de l'instruction générale ne pouvaient manquer de se préoccuper des moyens de fournir les bienfaits pratiques de cette instruction à l'armée de terre et de mer. L'administration a partagé ces généreuses intentions. Elle a créé des écoles régimentaires qui donnent aux soldats les éléments de l'instruction primaire. La création de bibliothèques serait une annexe et un complément de ces écoles qui font déjà tant de bien dans l'armée.

Quelques tentatives ont été faites pour parvenir à l'établissement et à l'organisation des bibliothèques régimentaires et des bibliothèques de garnison. Ces dernières eussent été confiées aux soins et à la responsabilité des fonctionnaires de l'intendance militaire. Mais après ces quelques essais, le projet n'a pas eu de suite. Il nous paraît toutefois, malgré les difficultés que présente sa mise à exécution, être digne d'une attention sérieuse et d'une sollicitude persévérante de la part de l'administration de la guerre. Pour obvier à l'obstacle que la mobilité des corps présente de plus grave, nous pensons que le système des bibliothèques de garnison, et non de régiment, en fournit les moyens.

Ainsi des bibliothèques militaires pourraient être, à notre avis, établies dans chaque ville de garnison et confiées aux soins des commandants de place ; ainsi elles seraient stables et toujours au service des corps : elles pourraient être utilement divisées en deux parties, l'une tout à fait professionnelle et scientifique pour l'usage plus spécial des officiers, sans exclure les sous-officiers et les soldats qui veulent se livrer à des études sérieuses sur toutes les questions de science militaire, l'autre de lecture ordinaire pour l'usage de tous, mais plus particuliè-rement des soldats. Le cadre et la composition de chacune de ces parties se définit par sa destination.

Ce que je dis des bibliothèques à établir ou à généraliser pour l'armée de terre, je l'applique également à la marine. Déjà le ministère de la marine a fait organiser des bibliothèques sur les vaisseaux et dans les ports. Il ne s'agit plus que de donner de l'extension à cettte institution.

Les longs voyages, les croisières, les stations navales, laissent assez de temps disponible aux officiers et aux équipages pour y trouver des heures employées à la lecture. Ici l'obstacle que rencontrent les bibliothèques régimentaires à cause des changements de garnison, des campagnes, de la difficulté de transport et de fréquents reclassements des livres, n'existe pas. La bibliothèque reste sur chaque navire, commé les autres bibliothèques spéciales restent dans les localités ; l'équipage peut changer, la bibliothèque est à demeure.

Nous n'avons pas besoin d'insister sur l'avantage que procurent ces collections tant pour l'instruction ordinaire que pour l'instruction professionnelle et scientifique des marins. Elles offrent de plus un moyen d'enseignement et d'études tout particulier, c'est celui-ci : les vaisseaux, en visitant divers pays, peuvent s'y procurer les ouvrages de science maritime qui y ont été publiés, et peuvent ainsi former des collections aussi comospolites qu'est la marine elle-même. C'est un avantage de la plus haute importance.

Sous tous les rapports, les bibliothèques à l'usage des armées de terre et de mer ne peuvent être qu'extrêmement utiles, et on ne saurait trop faire pour parvenir à ce que leur établissement soit univer-salisé dans l'intérêt de l'instruction générale et de l'instruction spéciale des hommes qui composent ces armées.

§ VII.

Bibliothèques dés Compagnies de Chemins de fer, etc.

Les grandes compagnies de chemins de fer, de même que les entreprises industrielles et les institutions financières qui sont chargées d'une administration réglée par les lois et d'applications définies, ou dirigées, ou aidées par les sciences, ont besoin d'avoir à leur disposition des collections de livres qui se rapportent à ces deux ordres d'action. Leurs bibliothèques doivent être de la catégorie que j'appelle administrative sous le premier rapport, et de la catégorie scientifique sous le second rapport. Elles doivent comprendre tous les documents de droit administratif et de droit judiciaire qui règlent leur fonctionnement, et en même temps les ouvrages de science spéciale qui motive, qui intéresse, qui facilite leur création, leur exploitation, leur perfectionnement, leurs développements utiles.

Ces deux cadres sont faciles à tracer dans la composition de ces bibliothèques spéciales qui leur sont indispensables. Le cadre scientifique est certainement le plus vaste : il doit comprendre tout ce qui s'est fait et écrit dans le monde relativement à la spécialité de leur institution et de leurs attributions; mais le cadre administratif présente aussi une importance majeure. Comment leurs agents supérieurs et moyens pourraient-ils connaître ce qu'ils ont à administrer, à diriger ou à faire, s'ils n'avaient pas à leur disposition les éléments régulateurs de leur administration ? Quant à la science, comment pourraient-ils en appliquer les découvertes dans la pratique, si elle n'était sans cesse étudiée par eux ? Ces institutions resteraient dans une infériorité regrettable sans le secours de cette dernière instruction. Des bibliothèques spéciales leur sont donc indispensables.

Les grandes compagnies et administrations de chemins de fer et autres entreprises industrielles qui occupent un nombre considérable d'employés et d'ouvriers devraient aussi, dans l'intérêt de leur instruction et de leur moralité, organiser à leur usage des bibliothèques de lecture usuelle, surtout dans les centres de leurs exploitations. Ce serait faire une bonne œuvre pour l'accomplissement de laquelle les moyens ne leur manqueraient pas. Nous nous bornons à la leur indiquer afin que ces grandes entreprises la réalisent ou excitent au moins leur personnel à la réaliser par la force toute-puissante de l'association.

§ VIII.

Bibliothèques des Hopitaux, Hospices, Asiles d'aliénés, Maisons d'assistance et de refuge.

Nous diviserons les bibliothèques spéciales de ces établissements en deux parties bien distinctes : 1° les bibliothèques administratives et scientifiques à l'usage des personnes qui les administrent ou qui y sont chargées de fonctions médicales ; 2° la bibliothèque de lecture usuelle, destinée aux individus qui sont renfermés dans ces établissements.

La première partie de ces bibliothèques rentre dans la catégorie des bibliothèques administratives d'un côté, et de l'autre dans celle des collections scientifiques dont le cadre est tracé par la nature même de ces institutions. Nous ne parlerons pas de cette dernière division, il est facile de la définir et de la former. C'est l'œuvre des hommes professionnels de la science.

Quant à la partie administrative, c'est-à-dire aux ouvrages qui doivent la composer, indépendamment des documents et traités relatifs à l'administration en général, une indication rapide pourrait être facilement donnée ; mais cette nomenclature nous entraînerait trop loin. Qu'il nous suffise de citer les suivants comme spécimens : le *Code de l'administration charitable*, par Ad. de Wateville ; la *Législation charitable*, recueil des lois, arrêtés, décrets, ordonnances, avis du conseil d'Etat, circulaires, etc. ; qui régissent les établissements de bienfaisance, par le même auteur ; le *Dictionnaire d'économie charitable* ; le *Répertoire de l'administration et de la comptabilité des établissements de bienfaisance*, par Durieu et Roche ; le *Manuel des commissions administratives des hospices*, par Péchard ; l'*Instruction générale sur le mobilier des hôpitaux* ; de la *Bienfaisance publique*, par de Gérando ; l'*Essai statistique sur les établissements de bienfaisance*, par Wateville, etc.

A ces ouvrages et documents se joignent divers mémoires et publications sur les enfants trouvés, les sourds-muets, les aveugles, les salles d'asile et les crèches, puis les ouvrages sur l'administration générale, la comptabilité publique, etc.

J'arrive aux bibliothèques de lecture à l'usage des individus composant la population ordinaire des établissements de bienfaisance, hôpitaux, hospices, refuges et asiles d'aliénés.

La lecture pour quelques malades, et surtout pour les convalescents, les infirmes, et même une certaine classe d'aliénés, est certainement un grand bienfait intellectuel et moral. C'est une distraction utile, hygiénique, un moyen de soulagement en même temps que d'instruction. C'est dans la maladie qu'on peut surtout dire, comme Labaumelle, que l'homme est malheureux par l'ennui, et que la lecture est le plus sûr moyen de combattre cet ennui. Comment employer les heures inquiètes de la convalescence et de l'infirmité, les intervalles de calme entre les douleurs mieux que dans les douceurs de lectures bienfaisantes? Il faut avoir connu les tristes peines, les longs ennuis de ces situations dans lesquelles l'esprit a toute sa force, et où le corps n'en a point, pour apprécier l'immense avantage de la lecture.

Tous les établissements d'assistance et de secours curatifs devraient donc avoir une bibliothèque composée d'ouvrages qui, sans nécessiter une trop grande tension de l'esprit, ce qui pourrait être nuisible, procurent pourtant les moyens d'une lecture agréable, instructive et attachante.

Généralement les livres de religion et de piété ne manquent pas dans ces établissements; il est bon, il est nécessaire qu'ils soient entre les mains de ceux qui les habitent. Leur lecture, les réflexions qu'ils soulèvent, qu'ils excitent, ne peuvent que présenter une incontestable utilité sous le rapport religieux et moral, car il est bon que l'homme malade fasse un salutaire retour sur lui-même, qu'il réfléchisse, et qu'en présence de l'éternité qui peut s'ouvrir devant lui, il pense aux vanités de la vie et au sérieux avenir qui commence à sa fin. Il est essentiel qu'il trouve dans ces livres les moyens de se préparer à ce passage terrible, ou pour le moins à mieux juger la valeur de la vie actuelle. Mais il ne faut pas s'arrêter à cet ordre de lectures, il faut occuper l'esprit en même temps que l'âme et le cœur; il faut adoucir, distraire, éclairer, instruire celui qui sort de son lit de douleur, sinon tout à fait, au moins pour quelques heures. — Tel est l'objet, la destination des bibliothèques dont nous désirons la création, et qui, il faut le dire, existent déjà dans plusieurs établissements affectés aux malades, aux convalescents, aux infirmes. Dans ce nombre nous pouvons citer les deux institutions si remarquables de Vincennes et du Vésinet.

Quant à la composition de ces bibliothèques, nous avons peu de chose à en dire. Leur cadre doit être à peu près le même que celui des bibliothèques communales que nous avons tracé ci-dessus. Il convient toutefois d'en élaguer les livres trop sérieux, et d'y admettre principalement des ouvrages d'histoire, de littérature classique, de voyages, de beaux-arts et d'industrie professionnelle.

C'est à la sagesse, au tact, à l'intelligence des administrateurs de ces établissements à faire ce choix important, à composer ces bibliothèques en vue du but que nous venons d'indiquer, et à éviter le danger que des erreurs ou des légèretés dans les choix pourraient produire.

§ IX.

Bibliothèques des Prisons.

Dans les grands établissements pénitentiaires, deux sortes de bibliothèques sont nécessaires. D'abord la bibliothèque administrative pour leurs directeurs et employés, ensuite la bibliothèque pour la lecture usuelle des prisonniers.

La bibliothèque administrative, distincte des archives, et à côté d'elles, doit contenir la collection de tous les documents, ouvrages, instructions spéciales et générales se rattachant à l'administration de ces établissements. Un fonctionnaire chargé de tout ou de partie de leur gestion qui ne connaît pas, qui n'a pas sans cesse sous la main, afin de les consulter et de les étudier, les documents et les livres qui règlent son action, et qui, en outre, lui apprennent les motifs de cette action, lui font connaître non-seulement ce qu'il doit faire pour administrer, mais la raison pour laquelle il doit le faire ; un fonctionnaire qui n'est pas au courant, non-seulement de ce qui se fait aujourd'hui, ce qui se fait dans son pays, mais encore ce qui s'est fait auparavant, et même un peu ce qui se fait ailleurs, dans les pays étrangers où le régime pénitentiaire tient une grande place, ne remplit qu'à moitié sa mission, l'une des plus importantes et des plus graves dans la société. S'il ne sait pas, s'il n'est pas instruit dans cette science de la répression, qui doit être aussi celle de la moralisation, il n'est pas un fonctionnaire véritable.

Les maisons centrales et les grandes prisons doivent donc posséder une véritable bibliothèque administrative aussi complète que possible, quoique avec un caractère élémentaire en quelques parties ; d'abord les principaux ouvrages sur l'administration générale, la comptabilité publique, la législation criminelle et civile, ensuite tous les documents plus particulièrement spéciaux à l'administration pénitentiaire, c'est-à-dire les lois, décrets, ordonnances, arrêtés, circulaires émanées des ministères de l'intérieur, de la justice, et au besoin d autres administrations, en ce qui concerne ce service, ainsi que les principaux ouvrages, traités, règlements publiés sur ces matières.

C'est la connaissance théorique et pratique de tous ces renseignements qui forme le véritable administrateur. Ceci n'a pas besoin de démonstration (6).

Voici quelles devraient être à peu près les bases sommaires de la composition de cette bibliothèque administrative, essentielle surtout pour les maisons centrales; elle devrait contenir :

1° Les codes français complets;

2° Les codes annotés et commentés, principalement pour le Code pénal, le Code d'instruction criminelle et le Code Napoléon. Je ne désigne pas les commentaires, chacun les connaît ;

3° Le recueil des circulaires du ministère de l'intérieur.

4° Le recueil des circulaires du ministère de la justice, ou au moins le recueil analytique de ces circulaires, par MM. Gillet et Demoly, ou la table alphabétique et chronologique de ces circulaires, par Massabiau ;

5° Le catalogue chronologique et analytique des documents officiels relatifs à l'administration des prisons;

6° Le bulletin officiel du ministère de l'intérieur;

7° Le code des prisons;

8° La statistique de la justice criminelle,

9° La statistique des prisons;

10° Le règlement général de comptabilité publique et le règlement pour servir en ce qui concerne le département de l'intérieur, etc. ;

11° Le *Dictionnaire général d'administration;*

12° Dictionnaires des communes, des postes; tableaux des distances, etc.;

Enfin, les principaux ouvrages sur le régime pénitentiaire, tels que les divers rapports sur les prisons de l'Europe et de l'Amérique, les livres de MM. Beaumont et Tocqueville, Charles Lucas, Bonneville, Alauzet, Danjon, Bérenger, Chassinat, Buquet, Parchappe, etc. On peut placer enfin dans cette bibliothèque quelques traités sur le droit pénal et sur le droit administratif en général.

Cette bibliothèque administrative devrait être à l'usage du directeur et des employés de la maison centrale.

Mais en dehors de cette bibliothèque administrative, qui est d'une nécessité professionnelle, une autre bibliothèque doit exister dans toute prison, et contenir des livres destinés à être donnés en lecture aux prisonniers, auxquels l'administration pénale, par humanité, ne doit pas seulement la nourriture du corps, mais aussi celle de l'âme. Cet aliment spirituel qui élève, améliore, occupe, distrait utilement, c'est la lecture de bons livres.

Faciliter la lecture aux prisonniers, c'est non-seulement leur accorder un bienfait intellectuel, mais satisfaire une nécessité morale. Quel efficace soulagement, en effet pour eux se trouve dans la lecture ! C'est le cas d'appliquer ici ce que disait Montesquieu : « La lecture a été pour moi le souverain remède contre les dégoûts de la vie, n'ayant jamais eu de chagrin qu'une heure de lecture n'ait dissipé. »

Il est humain, il est chrétien d'offrir des moyens de consolation intellectuelle à ces malheureux qui expient leurs fautes dans les prisons, et qui, selon l'expression du poëte latin, y traînent leur vie d'affliction dans la douleur et trop souvent dans les ténèbres de l'âme. *Afflictus vitam in tenebris luctuque trahebam.*

Des bibliothèques à l'usage des détenus existent dans toutes les prisons bien organisées, en Angleterre, en Allemagne, en Suisse, en Belgique, en Espagne, en Hollande, dans l'Amérique du Nord et du Midi. Le nouveau règlement des prisons de l'Italie contient à ce sujet les dispositions suivantes : « Dans tout établissement pénal, il y a une collection de livres destinés à la lecture des détenus. Le secrétaire a la responsabilité de cette bibliothèque circulante. L'instituteur présente la liste des livres à acquérir au directeur, qui la soumet au ministre avec les observations de l'aumônier. On peut accorder aux détenus l'autorisation d'acheter des livres, surtout de ceux qui traitent des arts et métiers exploités dans la prison et auxquels ils sont occupés. » La bibliothèque, dans tous ces pays, est une partie essentielle du régime pénitentiaire.

En France, depuis que la moralisation est entrée dans la peine et que l'expiation a été confiée aux soins de l'administration, depuis que le but de cette administration n'est plus uniquement de tenir enfermé un homme condamné par la loi et les tribunaux sous des verrous matériels, de le nourrir en prison pendant le temps de sa condamnation et de le jeter ensuite dehors, plus abruti, plus vicieux qu'avant son entrée ; depuis cette époque, et c'est la nôtre, on a pensé à faciliter dans les prisons la lecture des bons livres, comme l'un des moyens efficaces de l'amélioration des criminels. On a ainsi formé, dans les prisons, des bibliothèques pour leur usage. La sollicitude paternelle du gouvernement s'est attachée à l'exécution de cette bonne pensée, et dans plusieurs maisons centrales, des bibliothèques fort convenables ont été établies avec une intelligente initiative et une généreuse persévérance. Quelques-unes offrent, sous ce rapport, comme les prisons de Paris, de précieux spécimens de ces sortes de bibliothèques morales et instructives.

En 1844, lorsque le gouvernement tournait son attention vers l'établissement de bibliothèques dans les établissements pénitentiaires, le ministre de l'intérieur adressa aux préfets la circulaire suivante qui fut la base de ces utiles créations :

« Monsieur le préfet, il existe, dans la plupart des maisons centrales de force et de correction, de petites bibliothèques qui se sont formées, soit par la souscription volontaire des détenus, soit aux frais de l'administration, mais ces bibliothèques sont loin de suffire aux besoins croissants de ces maisons. La règle du silence imposée aux détenus par le règlement disciplinaire du 10 mai 1839 leur inspire naturellement le goût de la lecture. Je remarque avec satisfaction cette disposition des détenus à s'instruire. Bien dirigée, elle peut opérer sur leur âme et sur leur esprit une heureuse influence, et ce résultat dépend surtout du choix des livres de lecture. J'ai donc l'intention d'arrêter prochainement un premier catalogue de ceux qui devront leur être remis ; l'expérience nous apprendra s'ils suffisent ou non pour occuper utilement leurs loisirs. Mais j'ai besoin pour cela d'avoir d'abord la liste des ouvrages qui existent aujourd'hui dans les maisons centrales.

» Cette liste devra comprendre : 1º le titre des ouvrages ; 2º le nombre de volumes dont ces ouvrages se composent ; 3º l'indication du format ; 4º le prix que chaque ouvrage a coûté ; 5º l'énoncé du nombre d'exemplaires de chacun de ces ouvrages, dans le cas où la maison en aurait plusieurs ; 6º sur quels fonds l'acquisition a été faite ; 7º l'état dans lequel se trouvent les volumes.

» La liste sera divisée en livres de piété, livres de morale religieuse, livres de science, d'histoire et de littérature, livres élémentaires pour l'école.

» Le directeur fera connaître le nombre d'ouvrages et de volumes qu'il jugerait nécessaire d'avoir à sa disposition. Il lui sera loisible de désigner ceux que, dans son opinion, il conviendrait particulièrement de donner en lecture aux détenus, en distinguant ceux qui, d'après son expérience, devraient spécialement être donnés en lecture aux hommes et aux femmes. Pour tous les ouvrages de piété et de morale religieuse, il devra prendre l'avis de l'aumônier, et même lui demander la liste de ceux qu'il désirerait voir de préférence dans les mains des condamnés.

» Le directeur joindra au travail que je demande ses observations

sur les effets de la lecture dans la maison centrale. Je désire recevoir
ce travail dans les premiers jours d'octobre pour tout délai.

» Je vous remets ci-joint un exemplaire de la présente circulaire
pour le directeur. »

Depuis lors l'administration a plusieurs fois insisté pour la formation et le développement des bibliothèques à l'usage des prisonniers,
notamment en 1860 et en 1863.

Déjà, il faut le reconnaître, les bibliothèques des maisons centrales fonctionnent d'une manière assez satisfaisante et régulière.
Elles sont des dépendances naturelles de l'école, elles sont confiées à
la garde, à la gestion et à la responsabilité de l'instituteur, qui doit
en dresser le catalogue et le tenir au courant ; il les dirige d'accord
avec l'aumônier, car avant tout il faut que les livres y soient, sinon
toujours religieux, ce qui serait impossible et contraire même au but,
mais toujours moraux, honnêtes, sérieux, jamais antireligieux, frivoles ; jamais de la famille des romans, des feuilletons hasardés ; jamais dangereux d'aucune manière pour l'esprit, le cœur du détenu,
pas plus que pour la société et l'ordre.

A ce sujet il est bon d'ajouter que ce ne sont pas les livres spécialement et systématiquement écrits pour les prisonniers, qui conviennent toujours pour leur lecture, en ce sens que précisément parce
qu'ils ont été faits au point de vue de leur position, ils leur plaisent
moins que des livres généraux. Un ministre disait à un auteur qui
avait publié un livre estimé sur les condamnés, une sorte de petit
roman moral et technique : « Il n'y a qu'une chose de trop dans votre
ouvrage, c'est que vous y dites qu'il est écrit pour les prisonniers. »

Il faut leur donner des livres qui conviennent à leur position sans
le leur indiquer, sans faire pour eux des traités spéciaux qui par cela
seul les repoussent. Toutefois, il y a malgré cette très-juste observation, des livres fort intéressants, fort utiles écrits pour les prisonniers,
ils ont une place méritée dans les bibliothèques des maisons centrales, et ce qu'on aimerait à y voir parmi les ouvrages de ce genre,
ce serait un livre écrit, au point de vue pratique de la vie ordinaire,
par l'un des maîtres de la littérature morale, qui apprît aux condamnés à subir avec fruit la peine qui leur est infligée, à se plier avec
patience, résignation et esprit d'expiation aux rigueurs de la discipline, à se corriger en souffrant, à prendre enfin des dispositions pour
ne plus retomber dans le crime, pour se corriger et reconquérir une
place de réhabilitation dans la vie des classes auxquelles ils appartiennent.

Ne donner que des livres uniquement de piété, des ouvrages ascétiquement moraux, serait peut-être manquer à la bonne destination de ces bibliothèques et de ces lectures de la prison, but qui doit être d'instruire en moralisant et de moraliser en instruisant. On peut appliquer aux prisonniers ce que Rollin a dit des enfants : « Les livres qui sont purement de piété doivent leur être plus rarement donnés que d'autres, de peur que le dégoût qu'ils en prendraient une fois ne les suive plus tard. » Ces livres doivent avoir leurs moments, mais seulement ces moments.

Il y a aujourd'hui tant de livres bien faits, bien pensés, utiles et convenablement écrits dans l'ancienne et dans la nouvelle librairie, que l'embarras du choix est le seul point qui gêne pour la formation d'une bibliothèque.

Dans quelques maisons centrales, les détenus demandent au prétoire le prêt des livres de la bibliothèque. Le nom de l'emprunteur est porté sur une liste spéciale et il doit le rendre dans un temps fixé. Dans d'autres maisons on laisse à l'instituteur la gestion de la bibliothèque et du prêt des livres. Dans quelques-unes on en prête aux malades dans les infirmeries pour adoucir et utiliser les tristes loisirs que leur laissent leurs souffrances. Les détenus lisent les livres de la bibliothèque, le dimanche; puis pendant les récréations, durant les repas, dans les rares moments que leur laissent libres la discipline et le travail. Quelquefois on fait des lectures en commun aux condamnés inoccupés ou au repos, selon les règles de l'établissement. Dans quelques maisons, on fait la lecture au réfectoire pendant les repas ; ces habitudes méritent d'être approuvées et répandues. Mais la lecture individuelle vaut mieux encore.

Ici vient se placer une observation essentielle. Faut-il laisser les prisonniers choisir eux-mêmes les livres de lecture, ou convient-il mieux de les leur fournir directement et sans les consulter, sans qu'ils les demandent ou les désignent ? Nous pensons que ce dernier système, adopté dans les prisons d'Angleterre et de quelques autres pays, en France aussi dans plusieurs prisons, est le meilleur.

Toutefois, quel que soit le mode de faire servir la bibliothèque à la lecture des détenus, l'essentiel est qu'elle existe dans toutes les prisons.

Quant à la composition et au classement des bibliothèques des prisons, ils peuvent être à peu près les mêmes que pour les bibliothèques communales, mais un peu plus sévères, avec les romans en moins et les livres de morale religieuse en plus grand nombre, car tout doit être sérieux, grave, sévère, moral dans ces bibliothèques, même dans leur partie consacrée à fournir une distraction instructive aux condamnés.

L'idée de l'institution est excellente, éminemment humanitaire et morale. Honneur à ceux qui l'ont conçue ! Honneur surtout à ceux qui s'occupent d'en rendre l'application universellement pratique, car si la pensée de la création de ces bibliothèques est louable, son exécution complète est encore plus méritoire.

§ X.

Bibliothèques spéciales à l'usage des Ouvriers des villes.

L'ardeur la plus louable s'est manifestée depuis quelques années dans la classe laborieuse, surtout parmi les ouvriers des villes, en France, pour se procurer les bienfaits de l'instruction générale qui les relève, leur conseille la dignité, l'honorabilité, la moralité; et ceux de l'instruction professionnelle qui développe leurs capacités intellectuelles et les aptitudes applicables à leurs travaux matériels; qui fait grandir l'ouvrier en perfectionnant son talent d'exécution à l'aide de la science et des études littéraires et artistiques. Ce mouvement si remarquable ne saurait être trop encouragé, et l'établissement de bibliothèques spéciales, répondant à ces deux désirs, à ces deux exigences, est l'un des moyens les plus puissants pour réaliser ces encouragements sérieux. — M. le ministre de l'instruction disait dernièrement, avec une sagesse et une vérité éminemment pratiques, en parlant des moyens d'instruction nécessaires à l'ouvrier : « Où prendra-t-il ces idées nouvelles ? Enfant, il les trouvera dans les écoles de manufactures où l'enfant donnera une demi-journée à l'étude, l'autre au travail. Lorsqu'il sera plus âgé et plus fort, les cours d'adultes, les cours du soir, les cours du dimanche, les bibliothèques scolaires et communales s'ouvriront pour lui et formeront pour ainsi dire son enseignement secondaire. C'est là qu'est maintenant l'avenir de l'éducation du peuple, et n'oublions pas qu'avec le caractère nouveau de l'industrie et du commerce, à chaque progrès de l'intelligence au sein des classes laborieuses répondra pour le pays un accroissement de force productive et de richesse nationale. »

Il faut donc multiplier ces bibliothèques.

L'Angleterre, où il faut souvent aller chercher les bons exemples pour tout ce qui concerne la propagation des lumières et de la civilisation pratique, possède, comme nous l'avons déjà dit (*), un grand

---

(*) Note 1.

nombre de bibliothèques spéciales, parmi lesquelles il faut citer dans les premiers rangs celles qui appartiennent à des associations et à des corporations d'ouvriers. — Il y en a ainsi à Londres et dans toutes les villes manufacturières du royaume. Celle du *Mecanic's Institute* de Manchester compte à elle seule plus de trente mille volumes. Suivons cet exemple, appliquons à notre pays les sages et intelligents règlements qui font le succès de ces institutions; empruntons à l'Angleterre, pour les classes laborieuses comme pour toutes les autres, la religion de la lecture, la religion du livre, et bientôt nous en ressentirons les bienfaisantes influences.

A Paris, ces institutions utiles ont déjà pris d'assez notables développements; les ouvriers eux-mêmes, on ne saurait trop le reconnaître, ont pris l'initiative de leur établissement, et plusieurs d'entre eux ne cessent de donner leurs soins à leur accroissement. La première de ces bibliothèques a été ouverte dans le troisième arrondissement. Déjà, en 1862, elle comptait huit cent souscripteurs et elle possédait plus de trois mille volumes. Cet exemple a été suivi dans le premier arrondissement ; sa bibliothèque compte plus de sept cents volumes; dans le troisième arrondissement, où M. Laboulaye a donné son concours à la formation de la bibliothèque ; dans le sixième arrondissement, dans le quartier de Chaillot, où on vient d'en ouvrir une ; dans le dix-huitième arrondissement où, par l'impulsion de M. Lamouroux, on a déjà réuni plus de huit cents volumes. Nous citerons le mode qui a été adopté pour la formation de la bibliothèque usuelle du dix-neuvième arrondissement. Le droit d'admission à l'usage de cette collection est de 1 franc par personne et une cotisation mensuelle de 40 centimes. Les droits d'admission et de cotisation sont réduits de moitié pour les femmes.

Les sociétaires doivent être âgés de quinze ans au moins, et jusqu'à dix-huit ans être patronnés par un sociétaire majeur. On s'inscrit au siége de la Société.

Un nombre déjà considérable d'ouvrages d'histoire, de philosophie, de littérature proprement dite, etc., nombre qui s'accroît chaque jour, est mis à la disposition des associés.

La bibliothèque est ouverte tous les soirs, de 7 heures et demie à 9 heures et demie, les dimanches exceptés.

Bientôt Paris possédera vingt bibliothèques semblables établies d'après le principe des sociétés de secours mutuels, et toutes autorisées par décision préfectorale.

C'est là un mouvement intellectuel dont les amis de la civilisation ne sauraient trop se féliciter. Il doit s'étendre de Paris aux villes des **départements et jusqu'aux moindres communes.**

Les associations locales , les influences bienfaisantes de l'autorité, le rayonnement des sociétés centrales , le concours de tous les hommes d'intelligence et de bien doivent développer ce mouvement qui se prononce déjà si vivement chez nous, et lui imprimer une activité universelle. Lorsque tout le monde, dans toutes les classes sociales , saura lire et pourra lire avec fruit, lorsque l'esprit de tous, jusque dans les dernières zones de la société, en France, comprendra les bienfaits de l'instruction et les possédera proportionnellement, l'ordre social sera assuré sur des bases solides , celles de la raison éclairée par le savoir nécessaire à l'homme pour qu'il comprenne les causes de la hiérarchie sociale, et qu'il sache y tenir la place que la Providence lui a désignée, pour qu'il puisse même en sortir et s'élever par l'application de son intelligence perfectionnée.

Quant au cadre, à la composition de ces bibliothèques spéciales, nous pensons qu'ils doivent être les mêmes que ceux des bibliothèques communales et que nous avons déjà indiqués.

§ XI.

Conclusion.

Je crois avoir suffisamment indiqué, dans ce rapide aperçu, ce qui a été fait et ce qui est à faire pour procurer dans les diverses classes de notre société les bienfaits de l'enseignement aux uns, ceux de l'étude sérieuse aux autres, ceux de l'instruction à tous , instruction adaptée à leur position , à leurs devoirs, à leur mission ; instruction spéciale et professionnelle pour ceux-ci, élémentaire et générale pour ceux-là, aussi large et étendue qu'il est possible pour tous. Je n'ai été d'ailleurs, dans ces considérations et dans ces conseils, que l'écho d'une pensée commune , d'une volonté et d'une tendance universelles. L'ignorance systématique, fille de la barbarie et mère du mal, pourrait seule s'élever contre ces nobles aspirations qui troublent son quiétisme ou ses mauvais desseins. Il faut qu'à l'aide de la propagation de la lecture nous arrivions à utiliser d'une manière intelligente les loisirs d'un grand nombre d'hommes qui aujourd'hui dépensent ces moments dans l'oisiveté et les habitudes d'amusements frivoles ou grossiers. Nous devons tendre vers cette situation dont M. Saint-Marc Girardin a caractérisé les résultats dans ces nobles paroles :

« Quels changements doit apporter dans la civilisation cette distribution universelle de la lecture, quand il n'y aura plus en Europe de foule ignorante et brutale, quand tout le monde pourra réfléchir et juger par soi-même, quand l'exercice de la pensée, devenu plus facile pour tous, aura affaibli et détruit l'empire de la passion et de l'instinct. »

Il faut, en un mot, combiner tous les efforts pour répandre et universaliser le savoir en faisant réussir l'œuvre des bibliothèques spéciales dont nous avons parlé, d'abord dans l'intérêt public et ensuite dans l'intérêt de tous les membres de la société. Là est une des vraies bases de la civilisation humaine qui progresse par les lumières et périt par les ténèbres. Il faut arriver à ce que ceux qui ont besoin de la science (et qui n'a pas ce besoin !), en trouvent les éléments sans cesse à leur portée, et enfin, en descendant dans les divers rangs de la vie sociale, même dans ses dernières profondeurs, à ce que tous, après avoir appris à lire, aiment à lire et sachent lire utilement.

NOTES.

(1) En Angleterre surtout, il y a d'immenses richesses bibliographiques réunies dans un grand nombre de bibliothèques générales, mais surtout spéciales. Voici la nomenclature de ces dernières.

A Londres, bibliothèque du Musée britannique. — Bibliothèques : de Middle Temple, — de Inner-Temple, — de l'Académie royale des sciences, — de l'Hôtel des Indes orientales, — de l'Institution royale, — de la Société royale, — de London Institution, — de la Société royale de sculpture, — de la Société des antiquaires, — de la Société des arts, — de la Société des mathématiques, — de l'Institution de mécanique, — de la Société littéraire de West-London, — de la Société littéraire du North-London, — de l'Institution Belgrave, — de l'Institution Russell, — de l'Institution Surrey, — de la Société médicale, — de la Société médico-chirurgicale, — de la Société linéenne, — de la Société de zoologie, — de la Société d'entomologie, — de la Société d'horticulture, — de la Société de géographie, — de la Société de statistique, — de la Société de géologie, — des Inns of Court, — de Gra'ys Inn, — de Lincolnn Inn, — de Doctors Commorn, — du collège de Sion, — du collège of Physicans, — du collège of Arms, — du collège of Surgeons, — de l'Université.

Ajoutons les bibliothèques remarquables des corporations, et celles fondées par plusieurs éminents personnages ou dignitaires, et établies dans des hôtels particuliers de Londres. — Dans les provinces on distingue les suivantes :

A Aberdeen, bibliothèque du collège royal. — A Cambridge, bibliothèque de l'Université, — du collège Corpus Christi, — de Saint-Catherine Hall, — de Saint-John College, — de Trinity College, de Magdalen College. — A Dublin, bibliothèque de Trinity College. — A Edimbourg, bibliothèque de l'Université, — des avocats, — des Writers of the Sign. — A Glascow, bibliothèque de l'Université, — de l'académie Anderson. — A Liverpool, bibliothèque de l'Athénée, — du Lyceum. — A Oxford, bibliothèque Bodléeinne, — de All-Souls College — de Christ-Church College, — de Corpus-Christi, — De John College, — de Radcliff, — du Asmolean Museum. — Saint-Andrew, bibliothèque de l'Université. — Schrewsbury, bibliothèque de l'école publique.

Nous donnerions une liste qui dépasserait les bornes de cet ouvrage, si nous voulions énumérer toutes les collections de livres appartenant à des institutions, à des corporations, à des cathédrales, que l'on trouve partout en Angleterre, toutes bibliothèques spéciales remarquables par leur caractère d'utilité pratique dont on peut prendre une idée en citant seulement pour mémoire l'une de ces collections, qui, bien que de formation récente, a pris déjà un remarquable développement : c'est celle du musée économique de Twickenam ; répertoire de connaissances utiles pour toutes les phases, pour tous les détails, pour tous les jours de la vie, et surtout de la vie des classes laborieuses.

On peut mentionner encore les bibliothèques particulières des ministères, du Parlement, des clubs et de tous les grands établissements; collections qui se distinguent toutes par leur caractère de spécialité et de destination.

On voit par cette énumération, encore incomplète, combien est développé dans la Grande-Bretagne le système pratique des bibliothèques spéciales, existant en dehors des bibliothèques générales.

Il est de même en Allemagne, quoiqu'on n'y trouve peut-être moins de bibliothèques tout à fait spéciales qu'en Angleterre. Voici la nomenclature succincte de ces bibliothèques principales qui existent dans les divers États germaniques.

A Berlin, bibliothèque de l'Université, — du collége Joachim, — de l'Institut des Arts et Métiers, — de l'école militaire, — des ministères. — A Bonn, bibliothèque de l'Université. — A Erfurt, bibliothèque de l'Université. — A Goerlitz, bibliothèque du Gymnase, — de la Société des sciences, — A Greipsvald, bibliothèque de l'Université. — A Halle, bibliothèque de l'Université, — de la maison des Orphelins. — A Kœnisberg, bibliothèque de l'Université. — A Munster, bibliothèque de l'Université catholique. — A Zeitz, bibliothèque du Gymnase.

Munich, bibliothèque de l'Université. — Wurtzbourg, bibliothèque de l'Université. — Erlangen, bibliothèque de l'Université. — Hof, bibliothèque du Lycée. — Landshut, bibliothèque de l'Université. — Neustadt, bibliothèque de l'Ecole.

Vienne, bibliothèque de la Nouvelle-Université, — de l'Académie chrétienne, — des Archives militaires, — du Cabinet de numismatique, — de l'Académie des langues orientales, — plusieurs bibliothèques particulières, dont quelques-unes ont une spécialité marquée. — Graetz, bibliothèque de l'Université, du Johanneum. — Inspruck, bibliothèque de l'Université. — Lemberg, bibliothèque de l'Université. — Olmutz, bibliothèque du Lycée. — Prague, bibliothèque de l'Université. — Dans plusieurs villes des bibliothèques particulières très-considérables, quelques-unes spéciales.

Francfort, bibliothèque de l'Institut Sekemberg, — de l'Institut Staedal. — Fribourg, bibliothèque de l'Université. — Giessen, bibliothèque de l'Université. — Hambourg, bibliothèque de la Borsenhalle. — Heidelberg, bibliothèque de l'Université. — Marbourg, bibliothèque de l'Université. — Rostock, bibliothèque de l'Université.

Gœttingue, bibliothèque de l'Université. — Altembourg, bibliothèque du

Gymnase.— Annalberg, bibliothèque de l'Académie des mines. — Chemnitz, bibliothèque du Gymnase.—Cobourg, bibliothèque du Gymnase.—Eisenarck, bibliothèque du Gymnase. — Gotha, bibliothèque du Gymnase. — Iéna, bibliothèque de l'Université. — Leipzig, bibliothèque de l'Université ou Paulinum, — du Sénat. — Zuickau, bibliothèque du Gymnase.

La Suisse en possède un certain nombre, et on y fait de louables efforts pour l'augmenter. La bibliothèque d'utilité publique à Genève est un de leurs résultats pratiques.

En Belgique et en Hollande on peut citer les bibliothèques suivantes :

Bruges, bibliothèque de l'Université,— du Séminaire. —Bruxelles, bibliothèque de la Cour de cassation, — de la Cour d'appel, — de la Chambre des représentants,—de l'Observatoire,—de l'Académie royale,—des Ecoles militaires et vétérinaires,—des Ministères.— Gand, bibliothèque de l'Université.— Louvain, bibliothèque de l'Université. — Amsterdam, bibliothèque de l'Athénée, — de l'Institut royal,— de la Société *Felix meritis*.—Delft, bibliothèque du Collége.—Deventer, bibliothèque du Collége. — Franeker, bibliothèque de l'Université. — Groningue, bibliothèque de l'Université. — Hardervich, bibliothèque de l'Université. — Lewarde, bibliothèque de l'Université. — Leyde, bibliothèque de l'Université. — Utrecht, bibliothèque de l'Université.

Le Danemark et la Suède possèdent dans ce genre les bibliothèques suivantes :

Copenhague, bibliothèque de l'Université. — Altona, bibliothèque du Gymnase. — Kiel, bibliothèque de l'Université. — Stockholm, bibliothèque de l'Académie des sciences,— de l'Université. — Upsall, bibliothèque de l'Université. — Westerax, bibliothèque du Gymnase. — Christiania, bibliothèque de l'Université. — Drontheim, bibliothèque de la Société royale norwégienne. — Lund, bibliothèque de l'Université. — Linkeping, bibliothèque du Gymnase.

Aux Etats-Unis d'Amérique, la formation des bibliothèques générales, spéciales et particulières a pris un très-grand développement. Le caractère positif de leurs habitants doit en faire sentir plus vivement encore ailleurs la nécessité et contribuer à leur expansion. Leur institution se répand dans plusieurs Etats de l'Amérique du Sud.

L'Italie, terre classique de la littérature et des arts, où les sciences et leurs applications usuelles sont aussi en voie de progrès depuis longtemps, peut se vanter d'avoir le nombre le plus élevé de bibliothèques, comparativement à chacun des autres pays du monde, et les bibliothèques spéciales n'y sont pas plus rares qu'ailleurs. Le goût des livres semble inné dans toutes les villes de l'Italie.

Rome, bibliothèque du Vatican ; bibliothèque de l'Université à la Sapienza ; bibliothèque du Collége romain ; bibliothèque du musée Kircher ; bibliothèque du Collége de la Propagande. — Bologne, bibliothèque de l'Université. — Mont-Cassin, bibliothèque du couvent. — Cortone, bibliothèque de l'Académie étrusque. — Florence, bibliothèque de l'Académie de la Crusca ; bibliothèque des beaux-arts. - Gênes, bibliothèque de l'Université. — Lucques, bibliothèque de l'Université ; bibliothèque de l'archevêché. — Naples, bibliothèque de l'Université ; bibliothèque du ministère de l'intérieur ; bibliothèque militaire. — Novare, bibliothèque du séminaire. — Padoue, bibliothèque de l'Université ; bibliothèque du séminaire. — Pavie, bibliothèque de l'université. — Pise, bibliothèque de l'Université. — Pistoie, bibliothèque du collége de la Sapienza. — Ravenne, bibliothèque de l'archevêché. — Turin, bibliothèque de l'Université. — Venise, plusieurs bibliothèques, et entre autres celles du séminaire et du couvent arménien. — Vérone, bibliothèque du chapitre.

Espagne. Madrid, plusieurs bibliothèques spéciales. — Alcala de Hénarès, bibliothèque de l'Université. — Barcelone, bibliothèque de la couronne d'Aragon. — Salamanque, bibliothèque de l'Université. — Saragosse, bibliothèque de l'Université. — Tolède, bibliothèque de l'archevêché. — Séville, bibliothèque des archives des Indes, etc., etc.

La Russie est entrée depuis un siècle dans la voie utile de la formation des bibliothèques spéciales. Voici la liste sommaire de ses collections bibliographiques, sans compter celles des ministères.

Saint-Pétersbourg, bibliothèque de l'Académie des sciences, — du musée Roumianzoff, — de l'état-major, — de l'Institut pédagogique, — de l'Académie russe, — de l'Institut des langues orientales. — Abo, bibliothèque de l'Université. — Dorpat, bibliothèque de l'Université. — Karkoff, bibliothèque de l'Université. — Kayran, bibliothèque de l'Université. — Kieff, bibliothèque de l'Université. — Moscou, bibliothèque de l'Université, — de l'Institut des nobles. — Odessa, bibliothèque du lycée Richelieu. — Vladimir, bibliothèque de l'Université. — Vilna, bibliothèque de l'Université. — Riga, bibliothèque des Ecoles ; — de la cour de justice. — Kourk, bibliothèque du lycée Demidoff.

Quelques remarquables bibliothèques particulières ou de couvents, surtout à Saint-Pétersbourg, à Moscou et dans plusieurs grandes villes, pourraient aussi être classées sous certains rapports parmi les bibliothèques spéciales.

(2) La division suivante, qui diffère de celle qui précède, a été adoptée pour le classement de celle de la bibliothèque du ministère de l'intérieur de Belgique.

PREMIÈRE SECTION.

COLLECTIONS DE LOIS, ARRÊTÉS, ORDONNANCES. — ACTES PARLEMENTAIRES.

DEUXIÈME SECTION.

DROIT. — ADMINISTRATION GÉNÉRALE.

TROISIÈME SECTION.

ADMINISTRATIONS PROVINCIALES ET COMMUNALES. — VOIRIE. — TRAVAUX PUBLICS.

QUATRIÈME SECTION.

FORCE PUBLIQUE.

CINQUIÈME SECTION.

AGRICULTURE, ART ET VÉTÉRINAIRE.

SIXIÈME SECTION.

COMMERCE ET INDUSTRIE.

SEPTIÈME SECTION.

INSTRUCTION PUBLIQUE.

HUITIÈME SECTION.

LETTRES, SCIENCES ET ARTS.

NEUVIÈME SECTION.

SCIENCES POLITIQUES ET SOCIALES.

DIXIÈME SECTION.

JOURNAUX, ANNUAIRES ET ALMANACHS, VARIA.

(3) Pour former une bibliothèque administrative, on peut se renseigner utilement dans les ouvrages suivants : 1° *Bibliographie administrative*, ou Nomenclature méthodique et raisonnée des recueils de lois et d'arrêts, des instructions et règlements ministériels, des traités de jurisprudence et de doctrine administrative, suivie d'une Liste de documents officiels et des principaux ouvrages publiés en France sur les diverses matières de l'administration, par M. de Lapeyrie, chef de bureau au ministère de l'intérieur; 2° *Profession d'avocat*, bibliothèque choisie, par M. Dupin ; 3° *Répertoire des ouvrages de législation*, de droit et de jurisprudence en matière civile, administrative, commerciale et criminelle, publiés spécialement en France, depuis 1789 jusqu'en novembre 1863, avec table analytique et raisonnée des matières. Nouvelle édition, augmentée, corrigée et continuée par M. Ernest Thorin, et précédée d'un tableau de l'enseignement et des études dans les neuf facultés de droit, et d'une analyse chronologique des lois, statuts, décrets, règlements et circulaires relatifs à cet enseignement, de 1791 à 1862; par M. A. de Fontaine de Resbecq, chef de bureau au ministère de l'instruction publique, officier d'académie.

(4) A ces moyens d'instruction dans les campagnes il faudrait en joindre un autre plus élevé, plus complet, que nous avons entendu réclamer souvent, et qui procurerait certainement d'excellents résultats; ce serait l'établissement de *lycées agricoles*, formés sur le modèle des lycées des villes pour l'enseignement classique et des colonies agricoles pour l'enseignement spécial, théorique et pratique de l'agriculture et des sciences qui s'y rattachent. Les deux ordres d'enseignement y seraient mêlés avec intelligence, de manière à ce que les élèves reçussent également et concurremment l'un et l'autre. On offrirait ainsi aux populations aisées des campagnes, aux propriétaires et aux fermiers le moyen de faire élever leurs enfants convenablement et utilement sans les placer dans les colléges des villes; on retiendrait dans les champs ceux qu'on envoie se déclasser et se perdre dans les grandes

cités par suite d'une éducation qui les dégoûte de leur position rurale. Nous exposerons plus tard ce projet avec les détails qu'il comporte.

(5) La rédaction des catalogues doit appeler une attention particulière ; elle doit être simple, claire, logique, c'est-à-dire conforme à la classification naturelle des connaissances humaines ; enfin en rapport avec le caractère de la bibliothèque. On trouve dans la science bibliographique plusieurs méthodes de classement. Nous allons rappeler les principales en ce qui concerne les bibliothèques générales. D'abord un catalogue véritablement basé sur les opérations de l'entendement humain devrait présenter les trois grandes divisions suivantes : 1° travaux de la raison ; 2° travaux de la mémoire ; 3° travaux de l'imagination. Les subdivisions comprendraient facilement tout ce qui a rapport à la philosophie, à l'histoire et à la poésie prises dans leur plus large acception. — Cette méthode est conforme au système de Bacon et de l'encyclopédie. Les divers modes de rédaction des catalogues s'en rapprochent plus ou moins.

Les méthodes de M. Beuchot *(Journal de la librairie)* et de M. Brunet *(Manuel des libraires)* sont à peu près les mêmes quant aux principes généraux du classement ainsi établi : théologie, jurisprudence, sciences et arts, belles-lettres, histoire (comprenant la géographie et les voyages). Ces deux méthodes ne diffèrent que dans leurs subdivisions. Elles se retrouvent à la Bibliothèque impériale de Paris, à la bibliothèque du conseil d'État et ailleurs, quant aux grandes divisions, mais avec quelques différences assez importantes dans les subdivisions et sections.

Le système de M. Fortia-d'Urban a pour base la suite des études des connaissances humaines et leur marche naturelle. Selon ce savant, on classifie ainsi qu'il suit une bibliothèque : Encyclopédie, belles-lettres, sciences et arts, théologie, jurisprudence, histoire, géographie, antiquités, histoire littéraire. C'est l'application, on le voit, avec quelques modifications essentielles, du principe général dont nous parlions tout à l'heure.

En Allemagne on suit les règles établies par Viller, qui se rapprochent de celles de Garnier, de Beuchot et de Brunet ; cependant on y a adopté aussi quelques méthodes différentes. En voici deux spécimens :

1° Philologie, histoire, mathématiques, philosophie, anthropologie, physique, théologie, jurisprudence, statistique, médecine, mélanges. Cette classification est confuse et en dehors des divisions scientifiques.

2° Théologie, jurisprudence, médecine et chirurgie, philosophie, pédagogie, philologie, histoire, biographie, antiquités, mythologie, géographie, statistique, cartes, histoire naturelle, économie, technologie, politique, mathématiques, astronomie, art militaire, commerce, belles-lettres, arts d'imitation, musique, mélanges. Celle-ci ne vaut guère mieux à notre avis.

En Angleterre, nous avons trouvé dans quelques catalogues le classement suivant :

Connaissances générales, éducation, grammaire.

Méthaphysique, logique, morale.

Théologie, histoire ecclésiastique, géographie, voyages, histoire naturelle.

Histoire, antiquités, biographie, droit, politique, commerce, mathématiques, philosophie naturelle, arts mécaniques.

Agriculture et horticulture.

Médecine et chirurgie.

Traduction des classiques.

Critique, belles-lettres, mélanges.

Romans et nouvelles en prose.

Poésie, œuvres dramatiques.

Cartes et plans.

Pamphlets.

Ce classement peut être commode pour les recherches dans la pratique du service, mais il ne se rattache à aucune des notions sur l'ordre, la suite et l'enchaînement des connaissances humaines qu'il est important de prendre pour guide dans un catalogue.

Quant aux bibliothèques considérables, la meilleure classification des catalogues serait, à notre avis, la suivante qui range les matières par ordre d'utilité pratique et sous leur rubrique naturelle :

1° SCIENCES ET ARTS.— Introduction, théologie, philosophie et morale, politique et économie politique, jurisprudence, physique, chimie, histoire naturelle, médecine, mathématiques, beaux-arts, arts et métiers.

2° HISTOIRE.— Introduction, géographie, dictionnaires, voyages en Europe, Asie, Afrique, Amérique, Océanie.

3° BELLES-LETTRES.— Introduction, grammaires, dictionnaires, rhétorique, orateurs, poëtes, art dramatique, mythologie, romans, polygraphes, épistolaires.

Chronologie, histoire universelle, origine des nations, histoire ancienne, romaine, grecque, etc.

Histoire moderne : Europe, Asie, Afrique, Amérique du Nord, du Sud, Océanie, histoires générales et spéciales de ces contrées, antiquités.

Histoire littéraire, biographie, bibliographie, mémoires, extraits historiques, mélanges.

Pour les bibliothèques communales et les petites bibliothèques spéciales le cadre que nous avons indiqué nous paraît suffire.

(6) J'ai donné une notice sur la bibliographie pénitentiaire dans mon ouvrage sur l'emprisonnement cellulaire. Sans doute il n'est pas nécessaire qu'une bibliothèque administrative de prison contienne tous ces livres, mais il convient qu'un fonctionnaire de ce service en connaisse la plupart.

PARIS. — IMPRIMERIE CENTRALE DES CHEMINS DE FER DE NAPOLÉON CHAIX ET Cᵉ, RUE BERGÈRE, 20. — 2200

OUVRAGES DU MÊME AUTEUR :

Essai sur les Bibliothèques administratives. Ouvrage utile pour la formation des bibliothèques spéciales d'administration, 1844.

Mémoire sur la nouvelle législation pénale de l'Angleterre, la servitude pénale au lieu de la transportation, les travaux agricoles et la libération conditionnelle et révocable, 1856.

Notice sur les prisons et le nouveau régime pénitentiaire, l'administration, la législation, les jeunes détenus dans le royaume de Sardaigne (aujourd'hui royaume d'Italie), 1857.

Tableau des prisons militaires, pénitenciers militaires, ateliers de travaux (organisation, régime, législation pénale, statistique), en France, en Piémont, en Prusse et en Angleterre, 1858.

Catalogue chronologique et analytique des documents officiels relatifs à l'administration des prisons de 1791 à 1862.

François Perrin, épreuves et réhabilitation d'un condamné libéré : 1re édition, 1847; 2e, 1855.

Ouvrage adopté et recommandé pour les bibliothèques des maisons centrales et des prisons départementales par le Ministre de l'Intérieur; distribué dans les bagnes par ordre du Ministre de la Marine; dans les prisons de Paris et des départements, par décision du Préfet de police, des Préfets et des Conseils généraux; approuvé par Mgr Affre, Archevêque de Paris.

L'Espagne en 1860, état politique, administration, législation, institutions économiques, statistique générale de ce royaume, 1860.

Revue administrative de 1840 à 1849.

(Tous ces ouvrages ont été recommandés par le *Bulletin officiel du Ministère de l'intérieur.*)

Les Monts-de-Piété, leur situation actuelle comme établissements de bienfaisance, etc., 1849.

Note sur l'emprisonnement cellulaire en France, 1853.

Du patronage des Condamnés libérés et de son organisation, lettre à M. Bérenger, de la Drôme, 1847.

Notice statistique sur le travail dans les prisons en France, 1862.

Vie du général Foy, 1826.

Note aux Conseils généraux, 1850.

Résumé de l'histoire du Languedoc, 1826.

Lettre sur les progrès de l'art oratoire, 1861.

Observations sur un projet de loi pénitentiaire proposé en Italie, etc., 1863.

Mémoire sur la statistique historique du Crédit public dans l'antiquité, le moyen âge, les temps modernes, qui a obtenu une médaille de vermeil de la Société de statistique des Bouches-du-Rhône, 1863.

Mémoire sur l'Éducation correctionnelle des jeunes Détenus et sur le patronage des jeunes libérés, qui a obtenu une médaille d'or au Concours ouvert sur ces questions par la Société de patronage des jeunes détenus et des jeunes libérés du département de la Seine, 1863.

POUR PARAITRE PROCHAINEMENT :

Mémoire sur les nouvelles législations pénales de l'Espagne et de l'Italie.

PARIS. — IMPRIMERIE CENTRALE DES CHEMINS DE FER DE NAPOLÉON CHAIX ET Cie, RUE BERGÈRE, 20. — 2202.